모양도 쓸모도 제각각
조상들의 도구

한눈에 펼쳐 보는 전통문화 ❷
모양도 쓸모도 제각각 조상들의 도구

초판 1쇄 발행 2011년 8월 30일
초판 11쇄 발행 2024년 4월 20일

글 이영민 그림 서은정
발행인 양원석 발행처 (주)알에이치코리아 (등록 2004년 1월 15일 제2-3726호)
주소 08588 서울시 금천구 가산디지털2로 53, 20층(한라시그마밸리)
편집문의 02-6443-8921 도서문의 02-6443-8800 홈페이지 rhk.co.kr
블로그 blog.naver.com/randomhouse1 포스트 post.naver.com/junior_rhk
인스타그램 @junior_rhk 페이스북 facebook.com/rhk.co.kr

ISBN 978-89-255-4455-7 (74380)
ISBN 978-89-255-4384-0 (세트)

제조자명 (주)알에이치코리아 | 제조국명 대한민국 | 사용연령 8세 이상
※ 종이에 손이 베이거나 모서리에 다치지 않게 주의하세요.
※ 잘못 만들어진 책은 구입하신 곳에서 바꾸어 드립니다.

한눈에 펼쳐 보는 전통문화 ❷

모양도 쓸모도 제각각
조상들의 도구

글·이영민 그림·서은정

주니어 RHK

시리즈 소개
한눈에 펼쳐 보는 전통문화

조상 대대로 내려온 소중한 문화가 담겨 있습니다!

〈한눈에 펼쳐 보는 전통문화〉는 한국인으로서의 긍지와 뿌리를 심어 주는 시리즈입니다. 슬기로운 조상들의 소중한 삶의 지혜를 엿볼 수 있고, 아름답고 자랑스러운 우리 전통문화 유산을 두루두루 살필 수 있지요. 우리나라만의 특색을 갖춘 전통문화를 돌아보며 옛 조상들의 생활을 알아보세요.

재미있는 이야기와 풍부한 정보가 가득합니다!

조상들의 생활과 풍습에 관한 재미있는 이야기, 역사와 문화재에 대한 올바른 정보, 자랑스러운 국보와 과학 기술이 돋보이는 주거 생활, 다양한 도구들, 예로부터 전해져 내려오는 바른 먹을거리, 복식 문화 등 우리나라의 전통문화를 총망라하여 내용을 구성하였습니다.

쉽고 자세한 그림으로 어린이들의 이해를 돕습니다!

이야기에 나오는 재미 위주의 장면보다는 정보 부분에 해당하는 그림만 수록하여 보다 쉽고 자세하게 전통문화 관련 정보를 익힐 수 있도록 했습니다. 특히 주제별로 하나씩 큰 그림들을 모아 책 속 부록으로 재구성한 '한눈에 펼쳐 보는 전통문화' 코너는 그림만 살펴보더라도 전통문화를 쉽게 파악하여 지식을 쌓을 수 있습니다.

한 편의 재미있는 이야기 속에 권별 주제와 관련된 정보가 알차게 담겨 있어요.

어린이들이 이해하기 쉬운 그림을 통해 전통문화를 설명하고 있어요.

이야기 속에 등장한 전통문화 관련 정보를 한눈에 파악할 수 있도록 구성하였어요.

〈교과연계표〉 모양도 쓸모도 제각각 조상들의 도구

학년	교과목	단원
3학년	2학기 [사회]	2. 시대마다 다른 삶의 모습
5학년	2학기 [사회]	1. 옛사람들의 삶과 문화
6학년	실과	3. 창의적인 의생활과 안전한 식생활의 실천

시리즈 소개 5

# 차례

1. 하진과 수화, 일일 상인이 되다! ······ 10
   옛날과 오늘날의 도구 **장사 도구** ······ 20

2. 머리에 꽂고, 옷에 달고 ······ 22
   옛날과 오늘날의 도구 **장신구** ······ 32

3. 여인들의 벗, 규중칠우 ······ 34
   옛날과 오늘날의 도구 **바느질 도구** ······ 44

4. 철컥철컥, 베틀을 놓아 옷감을 짜세! ······ 46
   옛날과 오늘날의 도구 **빨래 도구** ······ 56

5. 하진, 태어나 처음으로 사냥에 도전하다 ······ 58
   옛날과 오늘날의 도구 **사냥 도구와 어구** ······ 68

6. 갈고, 파고, 베고, 거두고 농사를 짓자 …… 70
옛날과 오늘날의 도구 농기구 …… 78

7. 요리는 어려워! …… 80
옛날과 오늘날의 도구 주방 도구 …… 90

8. 짚으로 못 만드는 물건이 없네! …… 92
옛날과 오늘날의 도구 짚으로 만든 도구 …… 102

〈부록〉 한눈에 펼쳐 보는 전통문화 **조상들의 도구**

여는 글

모양도 쓸모도 제각각 조상들의 도구 이야기

우리가 영화나 드라마를 볼 때, 시대 배경이 오늘날인지 옛날인지 어떻게 알 수 있나요? 바로 사람들의 옷차림이나 장신구, 집의 모양이나 거리의 모습, 사람들이 사용하는 도구 등을 보고 알 수 있어요. 이처럼 오늘날과 옛날 사람들의 생활 모습은 아주 많이 달라졌답니다.

민속촌이나 박물관에 가면 지금은 볼 수 없는 낯선 물건들이 많이 있어요. 아마 언제 어떻게 사용하는 것인지 모르는 도구가 대부분일 거예요. 만약 우리가 그 도구들을 사용하는 옛날 사람들의 모습을 가까이에서 볼 수 있다면 어떨까요?

세상에 대한 호기심이 많은 장난꾸러기 하진, 야무지고 똑똑한 수화와 함께 조선 시대의 장터, 논밭, 산과 강, 기와나 초가지붕을 얹은 옛날 집으로 여행을 떠나 보세요. 하진과 수화를 따라가면서 옛날 사람들이 장

사, 사냥, 농사, 요리, 낚시, 물질, 길쌈, 바느질 등을 하는 모습을 엿보고, 이때 도구들이 어떻게 쓰였는지 살펴보세요. 이를 통해 우리 조상들이 어떻게 생활했는지 자세히 알 수 있을 뿐 아니라 살아 있는 역사 공부도 할 수 있을 거예요.

오늘날에는 옛날에 사용하던 도구들이 아예 사라지기도 하고, 도구를 만드는 재료가 다양해지면서 그 모양새만 변하기도 했어요. 어떤 도구들은 과학이 발전하면서 기계화되어 우리의 삶을 더욱 편리하게 만들어 주기도 했지요. 앞으로 이 도구들이 또 어떻게 변하게 될까요?

지금부터 하진과 수화가 살고 있는 마을 곳곳에서 우리 조상들의 멋과 슬기가 담긴 도구들을 찾아보고, 옛날과 오늘날의 도구가 어떻게 달라졌는지 살펴보세요. 그리고 다가올 미래에는 이 도구들이 또 어떻게 변할지 상상해 보세요.

장사 도구

하진과 수화,
일일 상인이 되다!

"헤헤, 역시 장터는 신나는 곳이야. 오늘은 또 무슨 일이 일어나려나?"

옷차림을 보니 평민인데 얼굴은 귀공자처럼 생긴 소년 하나가 신기한 눈으로 사방을 둘러보며 장터를 걸어가고 있었어요. 그 뒤에는 입을 삐쭉 내민 하인 하나가 뒤따르고 있었지요.

"얘, 금복아. 저 이상한 지팡이는 뭐냐? 끝에 쇠뭉치가 달린 것이 다른 지팡이와 좀 달라 보이는구나."

하진은 등짐을 진 장사꾼 하나가 들고 가는 지팡이를 가리켰어요.

"저건 물미장입니다요. 평소엔 지팡이로 쓰다가 도둑이나 무서운 짐승을 만나면 무기로 쓰지요."

"역시 장터에는 볼거리도 많고, 사람도 많구나."

"아이고, 도련님!"

"글쎄, 그렇게 부르지 말라니까. 기껏 옷까지 바꿔 입고 나섰는데, 도련님이라고 하면 어떻게 해?"

"마님한테 약속했어요. 오늘은 도련님 얌전히 책상 앞에 앉아 있게 하겠다고요."

덩치는 곰처럼 커다란 금복이 하진의 뒤를 쫄래쫄래 쫓아가며 말렸지만, 하진은 들은 척도 하지 않았어요.

물미장

'물미작대기' 또는 '촉작대'라고도 해요. 긴 막대 끝에 '물미'라고 하는 작은 쇠뭉치가 달려 있어요. 주로 상인들이 들고 다녔는데, 장사를 하러 다니는 중에 도적을 만나거나 산에서 짐승을 만났을 때 무기로 사용했어요. 막대 안에 긴 칼이 숨겨져 있기도 해요.

"이놈아, 무릇 훌륭한 판관이 되려면 공부만 잘해서 되는 것이 아니라니까 그러네. 백성들의 삶을 잘 알아야 하는 것이니, 조용히 하고 따라오너라."

금복은 툴툴대면서도 하는 수 없이 하진의 뒤를 따랐어요. 하진은 한성부 판윤인 이상윤 대감댁의 외아들이에요. 한성부 판윤은 오늘날로 치면 서울시의 시장님이지요.

하지만 하진은 글공부에는 통 관심이 없었어요. 판관이 되려면 세상을 잘 알아야 한다면서 날이면 날마다 돌아다니며 말썽을 부리기

일쑤였지요.

'오늘은 또 무슨 일을 벌이시려나.'

금복은 집에 돌아가면 마님께 꾸중 들을 일이 걱정이었지만 하는 수 없이 하진의 뒤를 따랐어요.

"얘, 저리 비켜라, 비켜."

"아유, 잠깐 좀 지나갑시다."

장터에는 보따리에 물건을 싸서 들고 가는 장사꾼, 등짐을 지고 가는 장사꾼, 머리에 항아리를 이고 가는 여인, 물건을 사려는 다양한 사람들로 북적였어요.

"도련님, 조심하세요!"

우락부락한 상인 하나가 옆으로 몸을 돌리다가 등짐으로 하진을 밀쳤어요. 금복이 하진을 잡아당기는 바람에 다행히 살짝 스치기만 했지요.

"휴, 고맙다. 근데 상인들이 물건을 옮기는 방법이 다양하구나."

"그런 것도 신기하십니까?"

"그럼, 양반인 내가 언제 짐을 옮겨 봤어야 말이지."

"하긴 그렇네요. 도련님이 책 보따리 드시는 것처럼 가볍고 작은 물건들은 보자기에 싸서 나르고, 방금 그 상인의 짐처럼 큰 물건들은 등에 져 나른답니다."

그때 웬 소년 하나가 전속력으로 달려가다가 하진과 부딪쳤어요.

운반 도구

여러 지방과 장터를 돌아다니며 장사를 해야 했던 장사꾼들은 다양한 방법으로 짐을 날랐어요.

보상
작은 짐은 보자기에 싸서 머리에 이거나 들고 다녔는데, 이런 장사꾼을 '보상(봇짐장수)'이라고 했어요. 봇짐 대신 함지박이나 바구니에 물건을 담아 옮기기도 했어요.

똬리
짐을 머리에 일 때 쓰는 받침이에요. 짚이나 헝겊을 둥글게 틀어서 만들었는데, 앞쪽에는 기다란 끈을 달아 입에 물기도 했어요. 똬리는 물건이 미끄러지지 않도록 균형을 잡아 주고, 무거운 물건을 이고 있어도 머리에 충격이 덜 하도록 해 줘요.

부상
큰 짐은 끈으로 둘러 어깨에 메고 다니거나 지게에 얹어 등에 메고 다녔어요. 이렇게 짐을 등에 지고 다니며 장사를 하는 사람을 '부상(등짐장수)'이라고 했어요. 보상과 부상을 합하여 '보부상'이라고 한답니다.

지게
지게는 짐을 얹어 사람이 지고 다니는 우리나라 특유의 운반 도구예요. 위는 좁고 아래는 약간 벌어지게 두 나무를 연결하고, 짚을 엮어 달아서 어깨에 멜 수 있도록 했어요.

그 바람에 하진은 곡식을 파는 가게를 덮치며 나동그라졌어요.

"우당탕탕, 와르르."

곡식과 물건들이 와르르 쏟아졌어요. 하지만 하진과 부딪친 소년은 벌떡 일어나더니 다시 달려가는 것이 아니겠어요?

"도둑이야! 저 아이 좀 잡아 주세요."

뒤쪽에서 소녀 하나가 소리를 지르며 달려왔어요. 하진은 도둑이라는 소리에 급히 일어나 소년을 뒤쫓았어요. 하지만 그때 뒤에서 큰 손 하나가 하진의 뒷덜미를 덥석 잡았어요.

"요놈, 남의 물건을 쏟아 놓고 미안하다는 말도 없이 도망가?"

"이것 좀 놔주세요. 도둑을 잡아야 한다고요."

하지만 곡식 가게 주인은 놔주기는커녕 뒤따라 달리던 소녀까지 붙잡았어요.

"어딜 도망가려고. 너도 한패로구나."

소녀와 하진이 붙잡혀 버둥거리는 사이, 도둑 소년은 벌써 멀리 사라져 버렸어요.

"우선 흩어진 산가지부터 주워 담아라."

하진과 소녀는 하는 수 없이 주인이 시키는 대로 산가지들을 주웠어요.

가게 주인에게 꼼짝없이 붙잡힌 하진과 소녀는 물건들을 정리하며 인사를 나누었어요.

산통과 산가지

산가지는 수를 계산하는 데 쓰는 막대기예요. 막대기를 가로, 세로로 놓아 셈을 했어요. 일·백·만 단위는 세로로, 십·천·십만 단위는 가로로 늘어놓아 수를 나타냈어요. 6 이상의 수에서 5를 나타낼 때 일·백·만 단위는 가로로, 십·천·십만 단위는 위쪽에 세로로 놓았어요.

"난 하진이야. 나이는 열 살."

"난 수화라고 해. 동갑이니까 친구하면 되겠구나."

하진과 수화는 이야기를 나누며 금세 친구가 되었어요. 수화의 이야기를 들어 보니 잃어버린 물건은 안타깝게도 돌아가신 어머니가 남기신 유품이었어요.

"요놈들 웬 수다냐? 남의 가게를 다 망쳐 놓았으니, 이것들을 다 정리하고 오늘 가게 일을 도와라. 열심히 하면 용서해 주고, 그렇지 않으면 포도청으로 끌고 갈 테다!"

가게 주인이 눈을 부릅뜨며 소리쳤어요. 하진은 어차피 이렇게 된 거 오늘 하루 장사를 배우는 것도 좋겠다고 생각했어요. 하지만 수화의 일이 걱정이었어요.

"수화야, 오늘은 우리 함께 이 아저씨를 도와드리자. 대신 내일부터는 내가 네 물건 찾는 것을 도와줄게. 내 꿈이 한성부 판관이거든."

"정말이야? 고마워."

"자, 그럼. 오늘은 장사를 한번 배워 볼까? 아저씨, 장사를 도우려면 장사하는 법을 알아야 하는데, 이것들은 어디에 쓰는 물건이에요?"

하진은 나무로 만들어진 여러 크기의 그릇들을 가리켰어요.

"그건 곡식을 담아 양을 재는 데 쓰는 그릇들이란다. 저기 가장 작은 네모 모양 그릇이 홉, 홉보다 조금 더 큰 그릇이 되, 그리고 둥근 모양의 가장 큰 그릇이 말이란다."

주인 아저씨에게 설명을 듣고 난 하진은 장사를 시작했어요.

양을 재는 도구

홉
약 180ml를 담을 수 있는 그릇이에요. 작은 우유 한 팩이 200ml이므로 그것보다 아주 약간 적은 양이라고 생각하면 돼요.

되
한 홉의 10배 정도 양으로, 약 1.8L를 담을 수 있는 그릇이에요. 큰 생수 한 병 정도의 양이지요.

말
홉이나 되는 주로 네모 모양으로 만드는데, 말은 나무나 쇠를 이용해 주로 원기둥 모양으로 만들었어요. 지금은 한 말이 18L 정도지만, 조선 시대에는 5~6L 정도였어요.

"여기 조 한 홉만 주세요."

"그러지 말고 한 되 들여가세요. 그러면 제가 아주 수북이 담아 드릴게요."

"그럴까?"

"자, 이쪽으로 오세요! 한 홉이든 한 되든 수북이 담아 드립니다."

하진의 넉살에 손님들이 모여들기 시작했어요. 하진은 손님들에게 곡식을 담아 주고, 수화는 돈을 받고 둘이 손발이 척척 맞았어요.

"요놈, 남의 곡식 가지고 웬 인심이냐?"

가게 주인은 툴툴거리면서도 장사가 잘되자 입이 귀에 걸렸어요. 게다가 하진의 덕을 본 것은 곡식 가게 주인만이 아니었어요. 많은 사람이 몰려들면서 옆에서 삼베, 무명, 비단 같은 천을 파는 가게도 덩달아 장사가 잘되었어요. 옆 가게 주인도 신이 났어요.

"고놈들 참, 신통하구나. 덕분에 장사가 잘되었으니 필요한 것이 있으면 말해 보아라."

하진은 천 가게 주인이 들고 있는 긴 막대가 마음에 들었어요.

"들고 계신 막대를 주세요. 등 긁기도 편하고 금복이가 말 안 들을 때 옆구리를 쿡쿡 찌르기도 좋겠어요."

그러자 수화가 하진을 말렸어요.

"하진아, 저건 천의 치수를 재는 데 쓰는 자야. 천을 파는 사람에겐 꼭 필요한 물건이라 함부로 줄 수 없는 거야."

옛날 자

조선 시대 자는 쓰임새에 따라 포백척, 황종척, 주척, 영조척, 조례기척 등으로 나뉘어요.

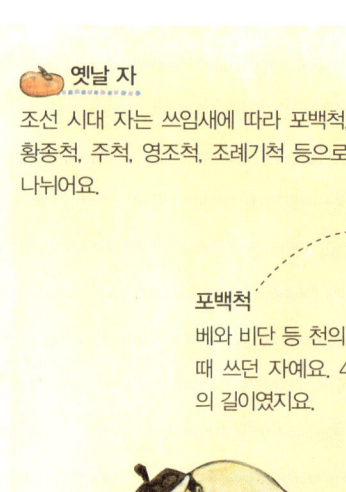

포백척
베와 비단 등 천의 치수를 잴 때 쓰던 자예요. 46cm 정도의 길이였지요.

황종척
음의 높낮이를 정하기 위해 불어서 소리를 냈던 대나무 관의 길이를 정확히 재는 데 쓰던 자예요. 34cm 정도의 길이였지요.

주척
도로나 토지의 길이를 잴 때 쓰던 자예요. 20cm 정도의 길이였지요.

영조척
주로 목수들이 목공과 토목 공사를 할 때 사용했던 자예요. 31cm 정도의 길이였지요.

조례기척
제사에 사용되는 그릇을 규격에 맞게 만들기 위해 사용했던 자예요. 28cm 정도의 길이였지요.

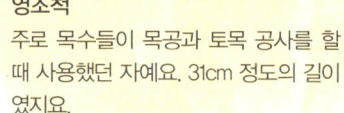

"그래, 그건 이 아이 말이 맞구나."

수화의 말에 곡식 가게 주인도 고개를 끄덕였어요.

"대신 내가 다른 걸 주마."

천 가게 주인은 기다란 막대에 줄과 쟁반이 달린 물건을 꺼내 들었어요.

"그게 뭐예요?"

"이건 저울이란다. 한쪽에는 물건을 놓고, 다른 한쪽에는 추를 달아 비교를 해서 물건의 무게를 재는 거야."

저울을 받은 하진은 신이 나서 이 물건 저 물건을 가져와 무게를 재기 시작했어요. 한참 저울을 가지고 놀던 하진은 저울을 가게 주인에게 다시 돌려주었어요.

"고맙습니다. 하지만 이 저울은 저보다는 이 장터 사람들에게 더 필요할 것 같아요. 전 이렇게 저울로 무게 다는 법을 배우고, 사용해 본 것으로 충분해요."

의젓한 하진의 말에 수화는 빙그레 웃으며 하진을 바라보았어요.

"고놈 말썽꾸러기인 줄 알았더니 제법 철은 들었구나."

곡식 가게 주인도 하진이 마음에 든 듯 웃으며 바라보았어요.

"너희 둘 다 오늘 고생이 많았다. 도와주어서 고맙구나. 그럼 이거라도 받아 주렴."

곡식 가게 주인은 언제 준비했는지 수화와 하진에게 사과를 한 개씩 주었어요.

"감사합니다."

"많이 배웠어요, 아저씨. 안녕히 계세요."

수화와 하진은 사과를 받아 들고 나란히 가게를 나섰어요. 수화와 하진은 내일 낮에 장터 입구에서 다시 만나기로 하고 각자 집으로 향했어요. 장터 입구를 나선 하진은 사과를 한 입 덥석 베어 물며 중얼거렸어요.

"그런데 금복이 이놈은 대체 어디 간 거야?"

옛날에는 되나 말로 쌀의 양을 쟀어요. 오늘날에는 일정한 양만큼 계량 봉투에 담아 쌀을 팔아요.

포장 쌀

옛날에는 추가 달린 저울로 무게를 쟀어요. 오늘날에는 편리한 전자저울을 사용해요.

전자저울

옛날에는 보부상들이 먼 곳에서 물건들을 가져와 팔았어요. 오늘날에는 공장에서 가게까지 물건을 가져다주고, 상인은 그 물건을 받아 팔아요.

> 장신구

머리에 꽂고,
옷에 달고

"여기야, 여기!"

장터 입구에서 누군가를 기다리던 하진은 멀리서 오는 수화를 보고 손을 흔들었어요.

"정말, 약속대로 나와 주었구나."

"자, 그럼 먼저 인사해. 우리 집 하인 금복이야. 어제 곡식 가게 주인한테 붙잡혔을 때 날 배신하고 혼자 도망간 놈이지."

"안녕하세요, 아씨. 도련님께 말씀 들었습니다."

금복은 수화를 향해 꾸벅 인사하더니 하진을 향해 고개를 홱 돌렸어요.

"그런데 도련님. 도망간 게 아니라 도둑을 쫓아갔던 거라니까요."

"그래서 어떻게 되었는데?"

금복의 말에 수화가 반가워하며 되물었어요.

"글쎄 아랫마을까지 따라갔는데 그 골목에서 감쪽같이 사라졌지 뭐예요? 길을 잘 아는 걸로 봐서 그곳에 사는 아이 같아요. 그런데 잃어버린 게 뭐예요?"

"응, 어머니께서 물려주신 향낭이야."

"향낭이요? 그게 뭐예요?"

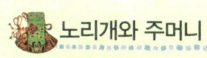
노리개와 주머니

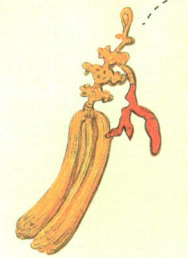

노리개
노리개는 여자들이 옷에 달고 다니던 대표적인 장신구예요. 금, 은, 보석 또는 비단 등으로 만든 예쁜 물건을 매듭에 달고 색실을 늘어뜨려 만들었지요. 노리개는 옷고름이나 치마허리에 매달았어요.

삼작노리개
3개의 노리개가 연결된 것으로 여인들이 혼례와 같은 예식 때 사용하던 노리개예요.

주머니
천으로 만든 주머니에 실을 달아 노리개처럼 매달기도 했어요. 주머니는 모양에 따라 양쪽에 귀가 나오게 만든 귀주머니, 둥근 모양의 두루주머니로 나뉘기도 했고, 용도에 따라 향을 넣는 향낭, 약을 넣는 약낭 등으로 나뉘기도 했답니다. 장식 역할도 하면서 주머니가 없는 한복에 편리함을 더해 주는 장신구였지요.

두루주머니
주머니 아랫부분은 둥근 모양이고, 윗부분에는 주름을 잡아 구멍을 뚫어 끈을 꿰었어요.

"향낭은 향을 넣어 옷에 달고 다닐 수 있도록 만든 주머니야."

금복과 수화의 이야기를 듣던 하진은 곰곰이 생각에 잠겼어요.

"그러니까, 잃어버린 것이 노리개처럼 여인들이 매달고 다니는 향낭이란 말이지? 어제 도둑질하던 아이는 남자아이니까 향낭은 필요하지 않을 거야. 게다가 차림새가 가난해 보였으니까 틀림없이 팔아서 돈이나 곡식으로 바꾸려고 할 거야. 그렇다면 당연히 장신구를 파는 가게로 오겠지? 수화야, 우린 장터의 장신구나 화장품을 파는 방물장수를 찾아가 보자."

그러자 금복이 배시시 웃으며 슬슬 뒤로 물러났어요.

"도련님, 그럼 저는 안 가도 되겠지요?"

"그래, 넌 따라오지 말고 어제 쫓아갔던 아이가 사는 마을 입구를 지키고 있다가 그 아이를 보면 조용히 뒤따라가거라."

이 일에서 빠져도 될 줄 알고, 신이 났던 금복은 입을 불쑥 내밀고 돌아서서 터덜터덜 걸어갔어요. 수화와 하진은 장터 입구에서 여인들이 사용하는 물건을 벌여 놓고 파는 방물장수에게 다가갔어요.

"아주머니, 물건을 좀 보고 싶은데요."

수화가 말을 꺼내자 아주머니는 눈을 번뜩이며 숨도 쉬지 않고 물건들을 자랑하기 시작했어요.

"아이고, 곱네 고와. 이렇게 고운 아씨가 화장까지 예쁘게 하면 얼

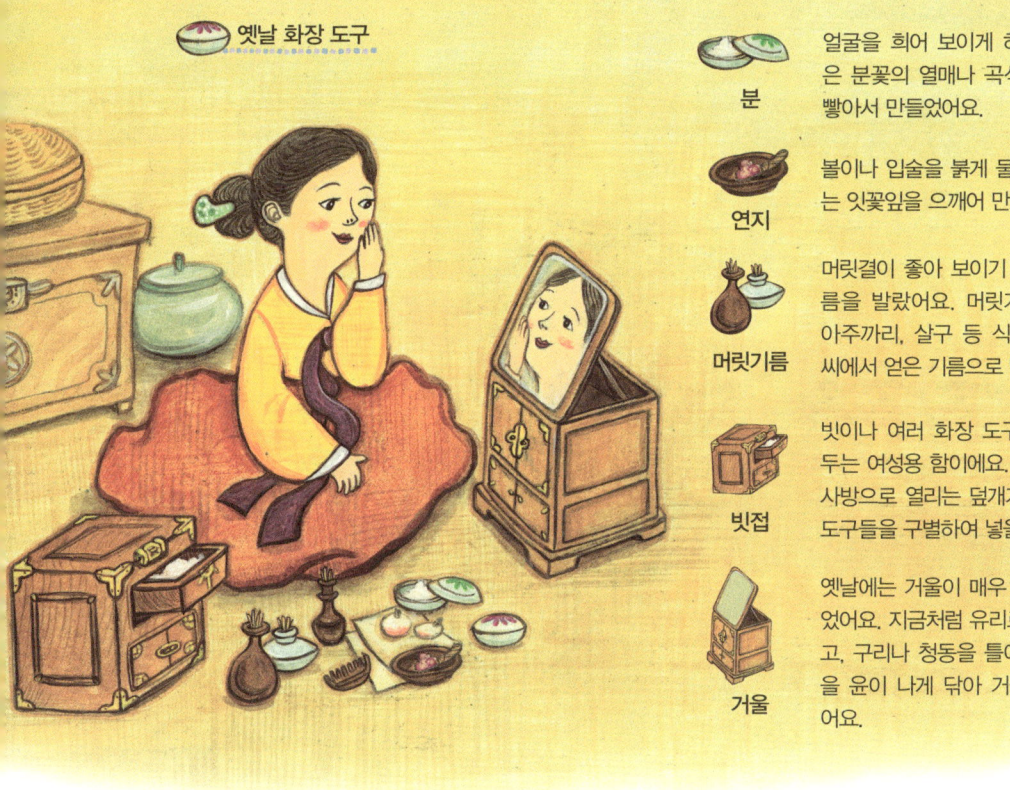

옛날 화장 도구

분 — 얼굴을 희어 보이게 하는 하얀 분은 분꽃의 열매나 곡식 등을 곱게 빻아서 만들었어요.

연지 — 볼이나 입술을 붉게 물들이는 연지는 잇꽃잎을 으깨어 만들었어요.

머릿기름 — 머릿결이 좋아 보이기 위해 머릿기름을 발랐어요. 머릿기름은 동백, 아주까리, 살구 등 식물의 열매나 씨에서 얻은 기름으로 만들었어요.

빗접 — 빗이나 여러 화장 도구 등을 넣어 두는 여성용 함이에요. 많은 서랍과 사방으로 열리는 덮개가 있어 작은 도구들을 구별하여 넣을 수 있어요.

거울 — 옛날에는 거울이 매우 귀한 물건이었어요. 지금처럼 유리로 만들지 않고, 구리나 청동을 틀에 부어 표면을 윤이 나게 닦아 거울을 만들었어요.

마나 더 고울까? 자, 화장 도구 좀 보세요. 없는 게 없답니다. 잘 보시고 필요한 걸 골라 보세요."

하지만 수화의 표정이 시큰둥하자 아주머니는 다시 다른 물건들을 꺼내 놓기 시작했어요.

"화장에 관심이 없다면 머리를 꾸미는 데 사용하는 장신구는 어때요? 머리 모양새가 달라지면 인물이 달라 보인답니다."

"네, 아주머니. 머리 장신구들 좀 보여 주시겠어요?"

"자, 골라 보세요. 머리 장신구도 없는 게 없답니다."

머리에 꽂고, 옷에 달고 25

옛날 머리 장신구

봉황잠
봉황으로 장식된 화려한 비녀로, 원래는 왕비의 장신구예요. 일반 여성들은 혼례 때만 꽂을 수 있었어요.

비녀
뒤로 틀어 올린 머리나 가체를 고정하기 위한 도구예요. 결혼한 여인이라면 누구나 사용했던 장신구로 그 재료가 다양했어요. 부유하고 신분이 높은 사람들은 금, 은, 옥, 산호 등으로 만든 비녀를 사용했고, 일반 여성들은 나무, 뿔, 백동, 놋쇠로 된 비녀를 꽂았지요.

가체
조선 시대 여성들이 쓰던 일종의 가발이에요. 머리를 더 풍성하게 보이려고 사용했는데, 가체가 크고 화려할수록 더 멋있다고 생각했지요. 이러한 유행은 점점 심해져서 목에 무리가 갈 정도로 크고 비싼 가체를 하게 되었어요. 그러자 영조 이후에는 나라에서 가체를 금지하고 머리에 쪽을 지고 족두리로 장식하도록 했답니다.

떨잠
가체를 할 때 그 앞과 옆에 꽂는 장신구예요. 움직일 때마다 화려한 장식이 떨려 멋을 더하지요.

뒤꽂이
쪽 진 머리에 꽂는 장신구예요.

빗치개
가르마를 탈 때 쓰는 도구예요.

장신구를 파는 아주머니는 어느새 화장 도구들을 주섬주섬 치우더니 머리 장신구들을 늘어놓기 시작했어요. 어디서 그렇게 많은 물건이 나오는지 아주머니는 마치 요술 주머니를 가진 것 같았답니다. 그러자 하진이 수화의 옆구리를 꾹 찌르며 속삭였어요.

"머리 장신구는 왜? 잃어버린 건 향낭이라며? 지금 네가 사고 싶은 장신구를 보러 온 게 아니라고."

그러자 수화도 조용히 속삭였어요.

"향낭 안에 어머니가 물려주신 비녀와 가락지도 함께 들어 있어. 혹시 따로따로 내다 팔았을지도 모르잖아. 그런데 이 가게엔 내 물건이 없는 것 같아."

수화와 하진은 다른 가게로 가자는 눈짓을 주고받았어요.

"아주머니, 잘 봤습니다."

"다음에 올게요."

"아니, 왜? 이렇게 물건이 많은데 맘에 드는 게 없어? 다른 데 가도 똑같다고."

아주머니는 아쉬운 듯 수화와 하진이 사라질 때까지 투덜거렸어요.

장터 안쪽의 장신구 가게에서는 수염이 덥수룩한 털보 아저씨가 수

지환

지환은 반지와 가락지를 함께 부르던 말이에요. 반지는 손가락에 끼는 한 짝으로 된 장신구로 주로 결혼하지 않은 여자가 끼었고, 가락지는 한 쌍으로 된 것으로 결혼한 여자만 낄 수 있었어요. 가락지는 원래 신분을 나타내는 표식이었지만 나중에 남녀의 사랑을 약속하는 정표로 쓰이게 되었어요.

화와 하진을 반겼어요. 예쁜 장신구들과는 통 어울리지 않는 외모였지만, 말솜씨는 비단같이 매끄러웠지요.

"아이고, 이렇게 젊은 도련님과 아씨가 함께 온 걸 보니 딱 알겠구먼. 필요한 게 반지요, 가락지요? 예쁜 아씨의 마음을 얻으려면 반지를 선물하시고, 사랑의 정표를 나누려면 가락지를 사셔야지요."

털보 아저씨의 말에 하진과 수화는 그만 얼굴이 빨개지고 말았어요.

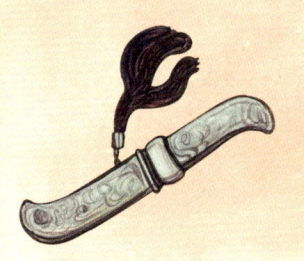

장도
칼집이 있는 작은 칼이에요. 신라 때부터 사용되었고, 고려 이후에 널리 유행했어요. 특히 은으로 만든 은장도가 아주 인기였지요. 여인들이 자신의 몸을 지키는 호신용으로 달고 다니기도 했기 때문에 여성들의 절개를 상징하는 장신구로 알려져 있어요. 장도는 남녀 모두 사용하는 장신구로 남자는 고리를 달아 저고리 고름이나 허리에 차고, 여자는 노리개로 만들어 달았어요.

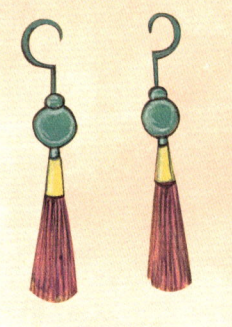

귀고리
옛날에는 '이식'이라고 불렀어요. 조선 시대 중반까지 여자들은 물론 남자들에게도 아주 인기가 많았던 장신구예요. 남자들은 귓불을 뚫어 구멍에 고리를 걸었고, 여자들은 주로 귓바퀴에 걸었어요. 하지만 선조 이후에는 오랑캐의 풍습이라 하여 남자들이 귀고리를 거는 풍습은 사라졌어요.

"아, 아저씨! 그런 게 아니라 그냥 장신구 좀 구경하는 거예요."

하진이 말까지 더듬으며 변명했지만, 털보 아저씨는 더 생글생글 웃으며 대답했어요.

"아이고, 누가 뭐랍니까? 알겠습니다. 그렇게 부끄러워하시는 걸 보니 만난 지 얼마 안 된 모양이군요. 자, 그럼 이건 어떻습니까? 남자나 여자나 모두 사용할 수 있는 장신구입니다. 장도도 있고, 귀고리도 있으니 도련님도 아씨도 맘껏 구경하세요."

하진과 수화는 사실 유품을 찾는 게 더 급했지만, 털보 아저씨의 말솜씨에 우물쭈물 다른 장신구들을 살펴보고 있었어요. 그때였어요. 웬 아이 하나가 멀리서 기웃기웃하며 걸어오는 거예요. 그리고 그 뒤로 금복이 몰래 그 아이의 뒤를 따라오는 게 아니겠어요?

하진과 수화는 그 아이가 바로 어제 도둑질을 했던 아이인 것을 알아차렸어요. 그래서 조용히 서서 다가오기만을 기다렸어요. 그런데 아이는 하진과 수화를 보더니 그대로 지나쳐서 도망가려고 했어요.

아이의 뒤를 따라오던 금복, 그리고 하진과 수화가 동시에 소년을 덮쳐 붙잡았어요. 하지만 서로 엉키어 금복은 하진의 허리를 잡고, 하진은 수화의 치맛자락만 북 찢어 놓고 말았어요. 다행히 수화가 소년의 등덜미를 낚아챘지요. 그때 소년의 품에서 향낭 하나가 툭 떨어졌어요.

"앗, 찾았다!"

수화는 얼른 향낭을 주워 들었어요. 바로 어제 잃어버린 어머니의 유품이었지요. 다행히도 주머니 안에는 비녀와 가락지도 그대로 들어 있었어요. 아이가 어제 훔친 물건을 장에 몰래 팔러 나오는 것을 금복이 발견하고 따라온 거예요. 그리고 하진과 수화가 있는 줄도 모르고 장신구 가게에 왔다가 붙잡히게 된 거지요.
"도련님, 이 아이는 어쩌지요?"

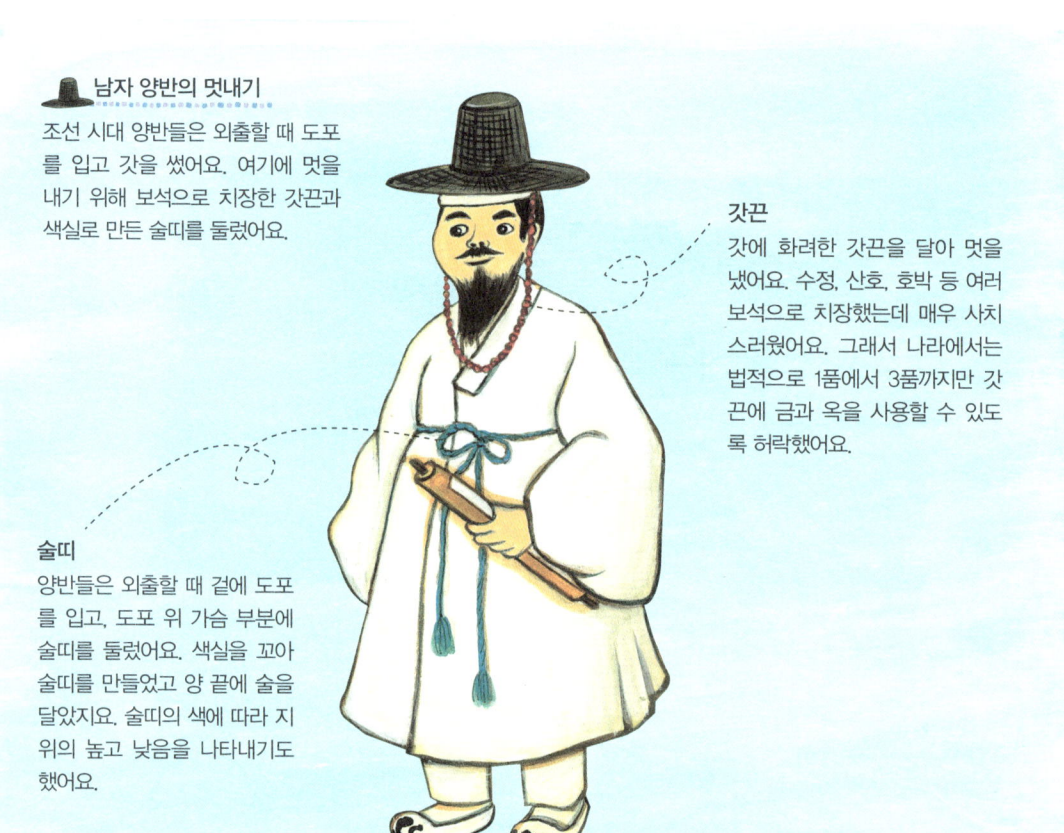

남자 양반의 멋내기
조선 시대 양반들은 외출할 때 도포를 입고 갓을 썼어요. 여기에 멋을 내기 위해 보석으로 치장한 갓끈과 색실로 만든 술띠를 둘렀어요.

갓끈
갓에 화려한 갓끈을 달아 멋을 냈어요. 수정, 산호, 호박 등 여러 보석으로 치장했는데 매우 사치스러웠어요. 그래서 나라에서는 법적으로 1품에서 3품까지만 갓끈에 금과 옥을 사용할 수 있도록 허락했어요.

술띠
양반들은 외출할 때 겉에 도포를 입고, 도포 위 가슴 부분에 술띠를 둘렀어요. 색실을 꼬아 술띠를 만들었고 양 끝에 술을 달았지요. 술띠의 색에 따라 지위의 높고 낮음을 나타내기도 했어요.

붙잡힌 아이는 금방이라도 울 것 같은 얼굴이었어요.

"차림새를 보니 배가 고파 이런 일을 한 것 같아. 너무 어린아이니 그냥 보내 주자. 난 소중한 물건을 찾았으니 그걸로 됐어."

수화의 말에 하진은 아이의 머리를 콩 쥐어박았어요.

"이놈, 이번만 봐주는 거다. 아무리 배고파도 다시는 이런 짓 하면 안 된다."

그러고는 아이의 손에 엽전 세 개를 슬쩍 쥐어 주었어요. 아이는 고개를 꾸벅하고는 몸을 휙 돌려 달아났어요.

"고마워. 너랑 금복이 아니었으면 물건을 되찾지 못했을 거야. 오늘 네 모습을 보니 넌 정말 훌륭한 판관이 될 것 같아. 이건 감사의 선물이야. 작은 선물이니까 사양하지 말고 받아 줘."

수화는 어느 틈에 샀는지, 술띠를 하진에게 건넸어요.

옛날과 오늘날의 도구 장신구

장신구를 이용해서 자신을 예쁘게 꾸미고 싶은 마음은 옛날이나 지금이나 똑같아요. 하지만 전통 옷차림에 했던 장신구와 오늘날의 옷차림에 하는 장신구는 많이 다르답니다.

핸드백
갓
모자
주머니
노리개
브로치
구두
꽃신

바느질도구

여인들의 벗, 규중칠우

수화의 칭찬에 하진은 어깨가 으쓱해졌어요.

"그런데 아씨. 도련님한테만 선물을 주시고, 전 아무것도 없습니까?"

금복이 툴툴거리자 하진이 당황하며 입을 막았어요.

"넌 내가 선물을 주면 될 것 아니냐? 집에 가서 줄 테니 그만 투덜거리고 아씨나 모시고 가자."

"진짜지요, 도련님? 아씨 함께 가시지요."

선물을 준다는 말에 금복은 그 큰 덩치에 어울리지 않게 사뿐사뿐 발걸음을 옮겼어요.

"저, 난 이제 집으로 가야 하는데?"

집에 가자는 하진의 말에 수화는 깜짝 놀랐어요.

"알아, 하지만 나 때문에 치마가 찢어졌는데 그러고 갈 수는 없잖아? 우리 집이 여기서 가까우니 가서 꿰매서 입고 가."

아닌 게 아니라, 수화의 치마 끝자락이 북 찢어져 너덜거렸어요. 하는 수 없이 수화는 하진의 집에 함께 가게 되었어요.

"어머니, 다녀왔습니다. 그런데 혹시 바늘과 실을 좀 빌려주실 수 있을까요?"

"무슨 일이니? 마침 수를 놓으려던 참이니 들어오렴."

하진이 수화를 데리고 방으로 들어서자 윤씨 부인은 깜짝 놀랐어요.

"안녕하세요, 유수화입니다. 사정이 있어 잠시 폐를 끼치게 되었습니다."

수화는 씩씩하고 쾌활하던 원래 모습과 달리 다소곳하게 인사를 올렸어요. 하진은 어머니에게 그동안 있었던 일을 설명했어요. 딸이 없는 윤씨 부인은 얌전하고 예쁜 수화를 보자 그만 마음을 쏙 빼앗겼어요.

"어서 와요. 반가워요. 어머나, 그런데 내가 금세 바늘을 어디다 두었지?"

당황한 윤씨 부인은 바늘쌈도 열어 보고, 바늘집과 바늘꽂이까지 살펴보았지만 바늘을 찾을 수가 없었어요.

"저, 천에 꽂혀 있는 바늘이 쓰시던 것 아닌가요?"

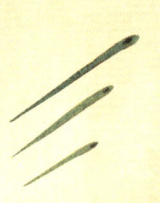

바늘
바느질을 할 때 가장 먼저 챙겨야 하는 도구예요. 바늘은 '쌈'을 단위로 세는데, 한 쌈에는 세침(가는 바늘), 중침(중간 바늘), 장침(긴 바늘) 등 세 종류의 바늘이 24개 들어 있어요.

바늘집
바늘을 몇 개 넣어 몸에 달고 다니는 조그만 갑이에요. 바늘이 녹스는 것을 막기 위해 바늘집 안에 머리카락을 채워 넣는 경우가 많았어요. 머리카락이 습기를 빨아들여 바늘이 녹슬지 않도록 해 주었어요.

바늘꽂이
바늘은 작고 가늘어서 잃어버리기 쉬워요. 게다가 아무 데나 놓아두면 사람들이 다칠 수 있으므로 잘 관리해야 해요. 그래서 바느질을 하지 않을 때는 작은 쿠션처럼 생긴 바늘꽂이에 꽂아 두었어요.

수화가 조심스럽게 말하자 윤씨 부인은 쑥스러운 듯 웃었어요.

"내 정신이 이렇다니까. 하진이 예쁜 아가씨를 데리고 오는 바람에 더 정신이 없어졌네."

윤씨 부인은 색색 가지의 여러 실들을 꺼내어 수화의 옷에 대어 보며 비슷한 색을 찾았어요.

"그럼, 이 아가씨 옷은 내가 꿰매 줄 테니 넌 잠시 나가 있으렴."

어머니 윤씨 부인의 말에 하진은 미소를 지으며 방을 나갔어요. 어머니와 수화가 함께 앉아 있는 모습이 왠지 좋아 보였어요.

"바느질 도구를 빌려주시면 제가 직접 고쳐 입을게요."

"우리 집에 온 손님이니 내가 해 줄게요. 겉치마 벗어서 이리 줘요. 꿰매면 자국이 남아 보기 흉할 거예요. 내가 멋지게 꾸며 줄 테니 기대해 봐요."

수화는 부모님이 일찍 돌아가셔서 오빠와 단둘이 살고 있었어요. 그런데 자상하면서도 쾌활한 윤씨 부인이 꼭 어머니 같은 생각이 들었지요. 이렇게 마주 앉아 함께 바느질 도구들을 펼쳐 놓고 있으니 왠지 마음이 따뜻해졌어요. 윤씨 부인도 즐겁긴 마찬가지였어요.

"내가 하진이 하나만 있고, 딸이 없어요. 딸과 마주 앉아 이렇게 자수를 놓기도 하고, 바느질도 하는 다른 부인들이 부러웠는데……. 어때요? 많이 바쁘지 않으면 치마도 고치고, 천천히 바느질 도구도 구경하면서 이야기도 나눠요."

"네, 그럴게요. 바느질과 자수 놓는 방법도 많이 가르쳐 주세요."

수화가 대답하자 윤씨 부인은 신이 났어요. 우선 실을 바늘귀에 끼고, 반짇고리를 열어 골무를 꺼냈어요.

"우아, 반짇고리가 정말 예뻐요. 그리고 예쁜 골무도 많이 갖고 계시네요."

무명실
무명실은 목화에서 얻은 솜을 자아 만든 실이에요. 이불이나 옷 등을 꿰맬 때 많이 사용했어요.

색실
옷이나 여러 천에 자수를 놓을 때에는 여러 색실을 사용했어요. 색실은 누에고치에서 뽑은 명주실을 쪽, 잇꽃, 치자 등으로 염색하여 만들었어요.

실첩
실은 엉키지 않도록 실패에 감아 보관했어요. 또 종이로 작은 그릇 모양의 실첩을 만들어 보관하기도 했어요.

반짇고리
바늘, 실, 골무, 가위, 헝겊 등 바느질 도구들을 담아 두는 작은 함이에요. 칸이 나누어져 있어 도구들이 뒤섞이지 않고, 뚜껑이 있어 함을 닫을 수 있어요. 또 반짇고리의 겉에는 헝겊이나 종이 등을 조각조각 붙여 예쁘게 꾸미기도 했어요.

골무
바느질할 때 얇은 바늘을 천에 밀어 넣다 보면 손가락 끝이 많이 아파요. 이때 손가락 끝이 아프지 않도록 손가락에 끼우는 도구예요. 두툼한 가죽으로 만들기도 하고, 헝겊을 여러 겹 겹쳐 만들기도 해요.

"내가 직접 만들어서 꾸민 거예요. 골무도 틈틈이 만들었어요. 내가 어렸을 때부터 다른 건 몰라도 바느질 솜씨는 좋았답니다. 호호, 내 입으로 자랑하니까 쑥스럽네."

수화는 반짇고리 안에 가지런히 정리된 바느질 도구들을 구경했어요. 그러자 윤씨 부인은 가지런히 놓인 골무들 중 하나를 꺼내어 수화에게 내밀었어요.

"자, 선물이에요."

"아니에요, 괜찮습니다."

수화는 신세를 지면서 정성스럽게 만든 골무까지 선물로 받는 것이 죄송해서 손을 휘휘 내저으며 사양했어요. 하지만 윤씨 부인은 골무를 수화의 손에 꼭 쥐어 주었어요.

"받아 줘요. 부지런히 만들어 두었는데 딸이 없으니 줄 사람도 없어서 서운했거든. 만난 기념으로 주는 선물이에요. 대신 내가 바느질하는 동안 장터에서 하진이와 도둑을 잡은 이야기나 자세히 해 줘요."

윤씨 부인의 말에 수화는 하진을 처음 만났을 때 상황과 오늘 장터에서 있었던 이야기를 들려주었어요.

"이건 우리끼리 비밀인데 나도 어렸을 땐 여자아이치고 장난도 심하고 호기심이 많았답니다. 우리 하진이가 날 닮아 걱정이 많았는데 의리도 있고, 이렇게 좋은 친구도 사귀는 걸 보니 안심이네요."

"아니에요. 제가 오히려 하진의 도움을 많이 받았는걸요."

윤씨 부인은 수화와 이야기를 나누며 치마의 찢어진 부분을 능숙하게 꿰맸어요. 치마는 금세 원래 모습을 되찾았지요. 하지만 윤씨 부인은 바느질을 그치지 않았어요.

"자, 이제부터 시작이에요. 잘 봐요."

윤씨 부인은 잠시 고민하더니 뼈칼로 치마에 선을 그어 표시를 했어요. 그리고 치마의 꿰맨 부분을 수틀에 끼웠지요.

뼈칼
뼈칼은 '각관자'라고도 하는데, 옷감에 바느질할 선을 표시할 때 사용해요. 옷감에 본을 뜨고 뼈칼로 눌러 그은 뒤, 그 자국을 따라 바느질을 해요.

수틀
수틀은 수를 놓을 때 천을 팽팽하게 잡아당겨 고정할 수 있도록 만든 틀이에요. 수틀은 자수대를 사용해 고정해 놓았는데, 자수대를 이용하면 수를 놓을 때 두 손을 모두 쓸 수 있어 편리하답니다.

그리고 반짇고리에서 예쁜 색실들을 꺼내더니 치마에 수를 놓기 시작했어요. 수화는 하나라도 놓칠세라 부인의 손길을 지켜보았어요. 갈색 실을 뽑아 수를 놓자 꿰맨 부분이 나뭇가지가 되었어요. 그리고 분홍, 노랑, 빨강 등의 색실로 수를 놓자 나뭇가지에는 여러 송이의 매화꽃이 피어났어요. 수화의 치마는 예쁜 매화꽃이 수놓인 화려한 치마로 감쪽같이 바뀌었답니다. 오히려 찢어지기 전보다 더 아름다워 보였어요.

"우아, 정말 예뻐요. 꼭 요술쟁이 같으세요."

"호호, 그렇게 칭찬해 주니 기쁘네요."

윤씨 부인은 소녀처럼 즐거워하며 웃었어요.

"자, 그럼 이제 다 되었으니 규중칠우 중 가위가 등장할 때가 되었네요."

"규중칠우요?"

규중칠우라는 말을 처음 들은 수화가 되물었어요.

"부녀자가 지내는 곳을 규중이라고 하지요? 그러니 규중칠우는 부녀자들의 일곱 친구라는 말이에요. 부녀자들은 방에서 바느질을 하며 보내는 시간이 많으니 그 친구들은 결국 바느질 도구들이 아니겠어요? 그래서 바느질에 꼭 필요한 도구인 바늘, 실, 골무, 가위, 자, 인두, 다리미를 '부녀자들의 일곱 친구'라고 비유한 거예요. 사실 한성부 판윤인 우리 바깥양반도 일이 바쁘고, 하진이도 날마다 바깥으로만 나가니 내 친구라고는 이 규중칠우뿐이었답니다. 오늘은 하진이 덕분에 이렇게 친구가 하나 더 생기니 기쁘네요."

"저도 이렇게 부인께 바느질과 자수를 배우게 되어 기뻐요."

윤씨 부인은 설명을 하면서 수놓은 부분의 실을 매듭짓고, 쪽가위를 꺼내어 남은 실을 툭 잘라 냈어요. 그리고 치마를 수틀에서 빼서 펼쳐 보았지요.

가위
천이나 실을 자르는 데 사용했어요. 쇠로 만든 큰 가위는 천을 자르는 데 사용하고, 실을 자를 때는 족집게처럼 생긴 쪽가위를 사용했어요.

자
천의 치수를 재거나 천 위에 선을 그릴 때 사용했어요. 주로 대나무를 이용해서 만들었어요.

"음, 바느질하느라 구김이 생겼네?"

윤씨 부인은 방 한구석에 놓여 있던 화로에서 숯을 집어 다림쇠에 얹었어요. 바느질하는 동안 구김이 생긴 치마를 다림질하려는 것이었지요.

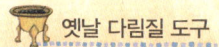 옛날 다림질 도구

다림쇠
지금은 다림질을 할 때 전기다리미를 사용하지만 옛날에는 프라이팬처럼 생긴 다림쇠를 사용했어요. 다림쇠 위에 숯불을 얹어 바닥을 뜨겁게 만들어 옷을 다렸어요.

인두
앞부분에 납작하고 끝이 뾰족한 쇠가 달린 막대예요. 불에 직접 달구어 옷의 좁은 부분을 다릴 때 사용했어요. 인두질을 할 때는 직사각형의 널조각 위에 솜을 놓고 종이나 헝겊으로 싸서 만든 인두판 위에 옷을 올려놓고 다렸어요.

화로
다리가 달린 넓적한 그릇으로 숯불을 담아 놓는 데 써요. 방 한구석에 놓아두고 불을 쬐기도 하고 간단히 음식을 데우거나 굽기도 했어요. 라이터나 가스가 없던 시절에는 일일이 불을 피우기 힘들었기 때문에 화로에 숯불을 담아 두었다가 불씨가 필요할 때 사용했어요.

"이건 저도 도울게요."

수화는 부인의 맞은편에 앉아 함께 치마를 펼쳐 잡았어요. 윤씨 부인은 다림쇠가 다 달구어지자 다림쇠로 치마를 눌러 다렸어요.

"드디어 다 됐네. 자, 입어 봐요."

수화는 완성된 치마를 입어 보았어요.

"저도 이렇게 수를 잘 놓으면 좋겠어요."

수화의 말에 윤씨 부인은 수화의 손을 덥석 잡았어요.

"그럼, 어머니처럼 생각하고 자주 놀러 와요. 와서 함께 바느질도 하고, 자수도 놓고 이야기도 나눠요. 나도 딸처럼 생각하고 잘 가르쳐 줄게요."

"정말 고맙습니다."

옛날과 오늘날의 도구 바느질 도구

옛날 여인들은 각자 솜씨를 뽐내며 직접 옷을 지어 입고, 개성 있는 생활용품들을 만들어 사용했어요. 하지만 오늘날에는 주로 공장에서 만든 옷과 물건을 산답니다.

재봉틀

옛날에는 여인들이 직접 손바느질을 했어요. 오늘날에는 재봉틀을 이용해서 쉽고 빠르게 바느질을 해요.

직물 공장

옛날에는 직접 옷을 만들어 입었어요.
오늘날에는 주로 공장에서 옷감과 옷을 만들어요.

길쌈 도구

철컥철컥, 베틀을 놓아 옷감을 짜세!

"이곳이 수화 아씨 집이에요."

"아씨, 도련님 오셨어요."

금복은 낡은 초가집 앞에 서서 큰 소리로 수화에게 소리쳤어요. 그러자 작은 방문이 덜컥 열리며 수화의 모습이 보였어요.

"여기까지 와 줘서 고마워. 그런데 요것만 마저 짤 수 있게 잠시만 기다려 줘."

방 안에서 수화는 베틀 위에 앉아 철컥철컥 천을 짜고 있었어요.

지난번 어머니의 유품을 찾고 하진의 집에 다녀온 후로 수화는 가끔 하진의 집에 찾아가 윤씨 부인과 함께 수를 놓기도 하고, 얘기도 나누면서 친한 사이가 되었어요. 물론 하진과도 자주 마주치게 되었지요. 하지만 하진이 수화의 집에 온 것은 처음이었어요.

"도련님, 저렇게 길쌈을 하는 아씨 모습을 보니 장터에서 볼 때랑은 또 달라 보이네요. 그렇지요?"

"길…… 길쌈……."

하지만 하진은 수화의 모습을 바라보느라 멍해졌어요. 장터에서 만났던 쾌활한 수화의 모습과는 달리 어쩐지 어른 같아 보이기도 하고, 엄숙해 보이기도 한 것이 무어라 설명할 수 없었어요.

"아이고, 도련님. 길쌈이라는 말 처음 들으셨습니까? 여인네들이 실을 내어 옷감을 짜는 걸 길쌈이라고 하잖아요."

그제야 하진은 정신을 차리고 금복을 노려보았어요.

"누가 그걸 모르느냐? 그저 길쌈하는 모습이 신기해서 그런 거지."

"기다리게 해서 미안해."

수화는 베틀에서 내려와 하진을 맞아 주었어요. 그리고 하진과 금복을 안방으로 안내했어요.

"헤, 네가 길쌈하는 모습을 보니 신기하구나."

"부모님이 안 계시니 천을 짜서 장에 내다 판 돈으로 생활해. 지난번에도 천을 팔러 장에 갔다가 도둑맞았지 뭐야."

그러자 금복이 하진을 바라보며 나무라듯이 말했어요.

"좀 배우세요, 도련님. 아씨는 이렇게 열심히 사시는데, 도련님은 글공부도 안 하시고 매일 말썽을 피울 궁리만 하시니……."

"흐흠, 글쎄 말썽이 아니라 세상 공부라니까. 네가 뭘 알겠느냐."

하진은 금복에게 큰소리를 쳤지만 수화 앞에서 망신당한 것이 부끄러운 듯 얼굴까지 빨개지고 말았어요.

"그런데 이건 뭐야?"

창피해서 괜히 방 안을 두리번거리던 하진은 묘하게 생긴 물건을 발견했어요. 호기심 많은 하진이 그냥 지나칠 리 없었지요.

"응, 그건 씨아라고 하는 건데 목화솜의 씨를 뺄 때 쓰는 기구야."

"목화?"

하진은 말 배우는 어린아이처럼 수화의 말을 따라 했어요.

씨앗 빼기

씨아는 목화의 씨를 빼는 기구예요. 손잡이가 달린 둥근 나무 사이에 목화를 끼우고 손잡이를 돌리면 둥근 나무토막이 톱니처럼 마주 돌아가면서 목화씨가 빠져나와요.

"응, 무명천을 만들려면 목화솜이 필요해. 목화꽃이 지고 열매가 열리면 그게 터지면서 긴 솜털이 달린 씨가 나와. 무명천을 짜는 일은 가장 먼저 씨아로 목화의 씨를 빼 내는 것부터 시작해."

"우아, 신기하다. 그런데 활대는 왜 이 옆에 놓아둔 거야?"

하진이 가리킨 곳에는 목화솜

한 묶음과 활대, 긴 대나무 막대가 놓여 있었어요.

"응, 그것들은 목화솜으로 고치를 만들어서 실을 뽑기 위해 필요한 도구들이야."

"실을 짜서 천을 만드는 데 활도 필요하다니, 저도 그건 처음 알았네요. 활은 사냥할 때만 쓰는 줄 알았지요."

베틀을 보고 잘난 척하던 금복도 천을 짜는 자세한 과정은 처음

솜 부풀리기
솜활은 대나무 끝에 삼노끈을 매어 만든 활이에요. 목화솜을 솜활의 활줄로 튀기어 퍼지게 만들어요.

대나무 고치 만들기
솜뭉치가 알맞게 부풀면 뜯어서 대나무 대에 말아 고치를 만들어요.

듣는 듯 신기해 했어요.

"참, 그런데 어쩐 일이야? 날 집으로 다 초대하고?"

여러 가지 길쌈 도구에 넋을 잃고 있던 하진은 그제야 생각난 듯 수화에게 물었어요.

"다른 게 아니라, 너희 어머니께서 늘 잘 챙겨 주셔서 너무 감사한데, 형편이 어려워서 다른 건 드릴 게 없고 내가 직접 짠 무명을 선물로 드리려고. 네가 대신 전해 드렸으면 하는데……"

"알았어. 그런데 아직 시간 많으니까 무명 짜는 방법에 대해 마저 설명해 주면 안 될까?"

하진이 세상 공부도 하고, 수화랑 함께 놀 수도 있는 이 기회를 그냥 놓칠 리 없었지요.

"좋아, 아까 목화솜에서 고치를 만드는 데까지는 알겠지? 이제 고치에서 실을 뽑아 내야 해. 여기 있는 물레가 실을 뽑는 기계야."

수화는 물레 앞에 앉아 실을 뽑는 시범까지 보여 주었어요. 하진은 돌돌 돌아가는 물레에서 실이 뽑혀 나오는 과정을 신

실잣기
목화솜을 말아 만든 고치를 물레에 걸어요.
물레를 돌리면 고치에서 실이 뽑혀 나와요.

기하게 보았어요. 하지만 금복은 뱅글뱅글 돌아가는 물레를 바라보고 있자니 졸음이 몰려왔어요. 꾸벅꾸벅 졸다가 어느새 바닥에 드러누워 곤히 잠이 들고 말았어요.

수화는 뽑아져 나온 실에 풀을 먹였어요.

"풀은 왜 먹이는 거야?"

하진은 궁금한 것이 많은 꼬마처럼 수화의 뒤를 졸졸 따라다니며 계속 질문했어요.

"응, 실을 베틀에 얹어 천을 짤 때 실이 흐느적거리면 엉키게 되니까 엉키지 말라고 풀을 먹이는 거야."

하진은 목화솜에서 실이 만들어져 나오는 과정이 신기하기만 했어요.

"자, 이제 드디어 베틀에서 천을 짤 차례야."

수화는 하진을 베틀이 놓인 작은 방으로 데려갔어요.

수화는 베틀 어디에 실을 거는지 자세히 설명해 주었어요. 그리고 베틀 위에 앉아 능숙하게 천을 짜기 시작했어요.

'쓱, 착, 덜컥, 쓱, 착, 덜컥!'

한 손으로 북을 쓱 밀어내고, 발로 베틀에 달린 끈을 당기고 바디를 손으로 당기자 규칙적이고 경쾌한 소리가 나며 천이 짜지기 시작했어요. 하지만 소리와는 달리 일은 몹시 힘들어 보였어요. '한 번에 한 올씩 짜서 언제 긴 천을 다 짤까' 하는 걱정이 들

천 짜기

세로 방향의 날실과 가로 방향의 씨실이 엇갈리면서 천이 만들어져요. 베틀에 먼저 날실을 걸어요. 그리고 북의 오목한 곳에 씨실이 될 실뭉치를 넣어요. 엇갈리게 걸린 날실 사이로 북을 지나게 하여 씨실을 풀어내고 바디로 내려쳐 단단하게 조여 주면서 천을 짜요.

정도였지요.

"그런데 오빠와 함께 산다면서 어째서 너 혼자 있어?"

"응, 오라버니는 낮에는 공부하러 갔다가 오후에 와. 일찍 오는 날은 사냥을 나가기도 해. 오라버니가 잡은 것으로 음식을 하기도 하고, 가죽을 팔아 돈을 벌기도 해."

하진은 어려운 환경 속에서도 오빠와 단둘이 밝게 열심히 사는 수화의 모습에 감동을 받았어요.

"너도 한번 해 볼래?"

하진이 몹시 신기하게 바라보자 수화가 웃으며 이야기했어요.

"아, 아니야. 됐어. 내가 하다가 실수라도 해서 천이 망가지면 어떻게 해. 내가 하면 실도 꼬이고 엉망이 되어 버릴 것 같아. 난 그냥 이렇게 구경하고 있을게."

늘 자신만만하던 하진이 오늘따라 수화 앞에서는 얌전한 어린아이가 된 듯했어요.

하진이 수화를 넋 놓고 바라보는 동안 수화는 어느새 일을 마무리했어요.

"자, 이제 다 되었어. 그런데 고운 비단도 아닌 이런 무명을 너희 어머니께서 좋아하실지 모르겠다."

"무슨 소리야? 네가 이렇게 힘들게 짠 천인데 어머니도 그 정성을 아실 테니 틀림없이 좋아하실 거야."

"그러실까?"

"그럼, 오히려 이렇게 귀한 선물을 함부로 받아 왔다고 혼내실지도 모르겠다."

하진의 말에 수화는 비로소 환하게 웃었어요.

"헹, 그런데 나만 쏙 빼놓고 우리 어머니랑 둘이서만 너무 좋아하는 거 아니야? 내 선물은 없어? 이거야 원, 샘나는걸!"

여러 가지 옷감

삼베와 모시
삼베를 짜는 실은 삼에서 얻는데, 삼칼로 삼잎을 훑은 다음 쪄서 햇볕에 말리는 과정을 여러 번 거쳐요. 그리고 삼을 가늘게 갈라 실을 얻고, 이것을 연결하여 긴 실타래를 만들어요. 실타래를 여러 차례 빨아 말리고 정리하면 실이 완성되지요. 베틀에 올리기 전에 삼솔을 이용해 실에 좁쌀풀을 먹여요. 이 실로 천을 짜면 까슬까슬하고 시원한 삼베가 돼요.

명주
명주실을 얻으려면 누에나방의 애벌레인 누에를 길러 누에고치를 얻어야 해요. 누에는 뽕잎을 먹고 자라요. 어느 정도 자라면 나방이 되기 위해 입에서 하얀 실을 내어 고치를 만들고 안에서 번데기가 돼요. 이 누에고치를 끓는 물에 넣어 풀어서 실을 뽑아내어 천을 짜면 부드러운 명주가 돼요.

하진의 농담에 수화는 하진에게 무명을 건네며 말했어요.

"여자들 사이도 질투하시는 하진 도련님. 부디 잘 전해 주세요. 그럼 여름에는 내가 널 위해서 시원한 삼베를 선물해 줄게."

"너 다른 천도 짤 수 있는 거야?"

하진이 눈을 동그랗게 뜨며 묻자 수화는 턱을 치켜들고 웃으며 대답했어요.

"그럼, 이래 봬도 내가 길쌈의 달인이라고. 무명이든, 삼베든, 모시든 실을 베틀에 걸고 천을 짜는 것은 다 똑같아. 다만 실을 어디에서 얻느냐가 다를 뿐이야."

"우아, 정말 대단하구나. 하지만 내 선물은 됐어. 난 아직 이렇게 힘들게 짠 천을 선물로 받을 자격이 없는 것 같아. 내가 나중에 훌륭한 판관이 되면 그때 선물해 줘."

"좋아, 난 그때까지 바느질을 좀 더 익혀서 네가 훌륭한 판관이 되면 멋진 관복을 지어 줄게."

수화는 그렇게 말해 놓곤 왠지 부끄러운 듯 얼굴을 붉혔어요. 하진은 세상 공부도 글공부도 좀 더 열심히 해야겠다고 결심했답니다.

옛날과 오늘날의 도구 빨래 도구

요즘에는 세탁기로 손쉽게 빨래를 하지만,
세탁기가 없었던 옛날에는 어떻게 옷을 빨았을까요?
옛날의 빨래 과정과 빨래에 필요했던 도구들을 알아볼까요?

옛날에는 짚, 콩깍지 등 식물을 아궁이에 넣고 태운 재를 모아 뜨거운 물에 우려내어 잿물을 만들고, 이것으로 빨래를 했지요. 오늘날에는 다양한 형태의 세제를 이용해서 빨래를 해요.

가루 세제

옛날에는 빨래를 잿물에 담가 두었다가 냇가에서 빨랫방망이로 두들겨 빨았어요. 그리고 잿물을 넣고 끓여 빨래를 하얗게 삶았어요. 오늘날에는 세탁기를 이용해서 빨래뿐 아니라 삶고 건조하는 것까지 할 수 있어요.

세탁기

전기다리미

옛날에는 다듬잇돌 위에 빨래를 넓게 개어 얹고 다듬잇방망이로 두들겨 구김을 폈어요. 또는 다림쇠에 숯을 얹어 다림질을 했어요. 오늘날에는 전기다리미를 이용해서 옷의 구김을 펴요.

밀가루 등을 푼 물을 끓여서 풀을 만들어요. 빨래에 적시거나 옷에 뿌려 풀을 먹여요.

물에 깨끗이 헹군 빨래를 햇볕에 널어 말려요.

사냥 도구와 어구

하진, 태어나 처음으로 사냥에 도전하다

"**금복아**, 그만 자고 일어나라. 어서 가자."

하진은 수화에게 무명을 받아 들고 일어나면서 큰 방을 향해 소리쳤어요. 금복은 드르렁드르렁 코까지 골며 신나게 자고 있었어요.

"아함, 세상 공부는 끝나셨습니까?"

금복이 기지개를 쭉 켜며 일어났어요. 금복과 하진이 집으로 가려는데 우락부락한 청년이 대문 안으로 쑥 들어섰어요. 청년은 하진과 금복을 번갈아 보더니 다짜고짜 하진의 어깨에 손을 턱 얹었어요. 수화의 오라버니인 수인 도령이었지요.

"오호라, 이 도령이 수화를 도와줬다던 하진 도령이군. 반갑네."

"안녕하십니까? 저는 이만 가려던 참이니 다음 기회에……."

하진이 인사를 하고 가려 하자, 수인은 다시 하진을 잡았어요.

"우리 수화를 도와준 친군데, 이렇게 보낼 수는 없지. 식사라도 대접해 보내야 하지 않겠나? 자, 날 따라오게."

수인은 하진을 창고로 데려갔어요. 수화의 말대로 사냥을 좋아하는 모양인지 창고에는 여러 사냥 도구들이 놓여 있었어요.

설피
넓적한 틀에 칡이나 새끼 등을 얽어서 신발 바닥에 대는 도구예요. 겨울에 눈이 많이 왔을 때 발이 눈에 빠지지 않도록 도와줘요.

"자, 어떤가? 우리 남자들끼리 사냥이라도 가세."

수인이 창을 집어 들며 어깨를 툭 치자 하진도 얼떨결에 설피를 집어 들었어요.

"도련님, 그건 왜 집어 드십니까? 그건 눈 올 때나 필요한 거예요."

어느새 따라 들어왔는지 금복이 고개를 쑥 내밀며 참견했어요. 사실 하진은 아직 사냥을 해 본 적이 없었어요. 하지만 수화 오라버니의 거침없는 태도에 자기도 모르게 설피를 집어 든 것이었어요.

"자, 그건 내려놓고 이걸 들게."

수인은 하진에게 창을 넘겨주었어요.

"그런데 여긴 뭐 단지나 작살 같은 건 없습니까? 물속에 단지 하나 묻어 놓고 작살 하나 들고 들어가면 문어며 고래며 제가 다 잡아 올 수 있는데요. 아니면 테왁을 만들 박이라도 있으면 제가 해삼이며 멍게며 잔뜩 잡아 오지요."

금복이 큰소리를 치자 수인은 어이가 없다는 듯이 웃었어요.

"이놈아, 문어, 고래, 멍게는 모두 바다에 사는 것들 아니냐? 여긴 바다가 없으니 물고기를 잡을 셈이면, 도구를 챙겨 들고 강가나 냇가에 가 보아라."

"어휴, 아쉽게 되었습니다. 제가 이 댁에 팔려 오기 전에 바닷가에 살았거든요. 수영도 잘하고, 물고기도 잘 잡아 제 별명이 물개였답니다. 작살 하나면 못 잡을 물고기가 없었지요."

신이 난 금복과 달리 하진은 겁이 났지만 울며 겨자 먹기로 사냥에 나서게 되었어요. 수화와 금복 앞에서 약한 모습을 보이기는 싫었거든요. 그런 하진의 마음을 아는지 모르는지 수인은 알 듯 모를 듯한 미소를 지으며 하진과 함께 사냥에 나섰어요.

"금복이라고 했나? 넌 큰소리치는 걸 보니 혼자 나서도 되겠구나. 우린 산짐승을 잡으러 갈 테니 바닷가 출신인 넌 냇가에서 민물고기라도 잡아 보아라."

"네, 네. 걱정 마세요. 전 여기서 낚시 도구들을 챙겨 냇가로 가 보겠습니다."

한참을 걸어가는데 수인이 하진의 뒷덜미를 낚아챘어요.

"이봐, 조심해! 이 근처는 내가 하늘코를 설치해 둔 곳이야. 자네 지금 하늘코에 걸려 공중에 대롱대롱 매달릴 뻔했다고."

그러고 보니 고리가 휘어진 나뭇가지에 달린 채 말뚝에 걸려 있었어요.

"하늘코는 그대로 놓여 있으니 다음 목적지로 가 보자고. 그곳엔 뭐라도 잡혀 있어야 할 텐데."

산길을 따라 조금 더 올라가다 보니 풀숲 옆에 작은 나무 상자들이 설치되어 있었어요.

"저건 무얼 잡는 도구인가요?"

하진이 물어보았어요.

"새를 잡으려고 놓은 통방이라네. 그런데 오늘은 짐승들이 단체로 소풍이라도 갔는지 통 잡히질 않았네."

"형님, 저 커다란 덫도 형님이 놓으신 건가요?"

하진은 어느새 수인을 자연스럽게 형님이라고 부르고 있었어요.

"벼락틀이군. 크기를 보면 알겠지만 곰처럼 큰 동물을 잡으려고 놓은 것이지. 저건 내가 설치한 게 아니야. 난 그렇게 큰 동물을 잡을 마음은 없거든. 벼락틀은 잘못하면 사람도 다치게 할 수 있기 때문에 깊은 산에만 놓아야 하는데 이런 곳에 설치한 사람이 누굴까? 아무튼 건드리지 않도록 조심하게. 그나저나 이걸 어쩌지? 이러다간 오늘 저녁에 나물 반찬만 먹겠군."

여러 종류의 올가미

하늘코
하늘로 달아 올리는 고리를 뜻해요. 짐승이 잘 다니는 길가에 물푸레나무 같은 것을 휘어 그 끝에 한번 걸리면 옭아매어져 풀리지 않는 올가미를 매달아요. 짐승의 발이나 목이 걸리면 휘어 놓은 나뭇가지가 펴지면서 잡힌 동물이 공중에 대롱대롱 매달리게 되지요.

지게코
짐승이 잘 다니는 길목의 두 나무 사이에 나무 밑동을 파고 설치한 올가미예요. 올가미는 지게의 가로로 박은 나무처럼 걸쳐 놓은 모양이에요.

함정코
함정을 파고 그 안에 설치해 놓은 올가미로, 함정에 빠지면 발이 빠지게 만들었어요.

그때였어요. 바스락하는 소리가 들리더니 토끼 한 마리가 재빨리 도망가지 뭐예요? 수인이 언덕길을 뛰어오르며 소리쳤어요.

"내가 지름길로 먼저 가서 기다릴 테니 자네가 토끼를 몰아 줘."

하진은 사냥은 처음이었지만 달리기 하나는 자신 있었어요. 토끼의 뒤를 따라 달리기 시작했어요. 토끼는 하진을 피해 산 위쪽 수인이 있는 방향으로 뛰어오르기 시작했어요. 그런데 잘 가고 있던 토끼가 갑자기 오른쪽으로 방향을 홱 트는 거예요. 그쪽은 수인이 있는 방향이 아니었지요.

사냥 도구

통방이
한쪽이 막힌 직사각형 상자 모양의 덫이에요. 입구를 끈으로 고정해 놓고 덫 안에 들어간 짐승이 미끼를 물면 끈이 당겨지면서 문짝이 떨어져 입구를 막아요. 통나무로 커다란 궤짝을 만들어 곰을 잡는 통방이도 있지만, 대부분 새처럼 작은 동물을 잡기 위해 설치해요.

벼락틀
틀 위에 돌을 얹어 짐승을 잡는 사냥 도구예요. 통나무 여러 개를 뗏목처럼 엮어 틀을 만들고 땅과 비스듬하게 서 있을 수 있도록 다른 나무로 지탱해 놓아요. 지탱해 놓은 나무에 미끼를 묶어 두고, 틀 위에는 큰 돌들을 얹어 놓지요. 짐승이 미끼를 물면 틀과 돌들이 사냥감 위로 덮치며 벼락처럼 큰 소리를 낸다고 해서 '벼락틀'이라는 이름이 붙었어요. 벼락틀을 작게 만들어 토끼나 오소리 등을 잡기도 해요.

'앗, 어쩌지?'

하진은 순간적으로 손에 들고 있던 창을 토끼가 가는 앞쪽으로 던졌어요. 창이 앞쪽에 툭 떨어지자 토끼는 다시 방향을 바꿔 수인이 있는 방향으로 달렸어요. 그 사이 하진은 떨어진 창을 다시 주워 들었어요. 결국 토끼는 수인과 하진 사이의 수풀 쪽으로 몰리고 말았어요. 하진과 수인은 동시에 토끼를 향해 창을 날렸어요.

"잡았다!"

토끼는 둘 중 하나의 창에 맞아 잡혔어요.

수인과 하진은 토끼 한 마리를 들고 신이 나서 산을 내려왔어요.

"아, 글쎄 형님. 토끼는 제가 던진 창에 맞은 거라니까요."

"내 창에 맞은 거라니까. 보아하니 사냥도 처음이던데 어느 눈먼 토끼가 자네 창에 맞겠나?"

"어쨌든 제가 토끼를 잘 몰지 않았으면 못 잡지 않았을까요?"

수인과 하진은 토끼를 두고 서로 자기 덕에 잡은 거라며 티격태격했어요. 하지만 결국엔 서로 도와 잡은 것이니 기분이 좋아 둘 다 싱글벙글했지요.

"쳇, 두고 보십시오. 다음엔 확실히 제 손으로 잡고 말 테니까요."

"그래, 다음에 다시 오자."

산 아래 큰 냇가로 내려오자 금복이 바위에 걸터앉아 낚싯대를 물에 드리우고 있었어요.

"그래, 큰소리치더니 물고기는 많이 잡았느냐?"

하진이 소리쳐 물었어요.

"도련님들이 저쪽에서부터 그렇게 시끄럽게 떠들면서 오시니 물고기가 다 도망갔나 봅니다. 미끼에 입도 대질 않으니."

"이곳 물고기들은 미끼로 지렁이를 가장 좋아하는데, 미끼를 잘못 쓴 거 아니야?"

하진의 말에 금복은 머리를 긁적였어요.

"에구, 그랬나 봐요. 그럼 도련님들하고 같이 그물이라도 쳐서 잡을까요?"

금복은 낚싯대를 거두더니 집에서 가져온 그물을 들어 보였어요.

"우리가 토끼를 잡았으니 오늘은 이걸로 된 것 같아. 물고기는 다음에 잡자."

하진이 수인과 함께 잡아 온 토끼를 자랑스레 들어 올리며 말했어요. 금복은 입을 쑥 내밀며 툴툴거렸어요.

다양한 낚시 도구

낚싯대
옛날에는 대나무를 잘라 낚싯대를 만들었어요. 그 끝에 낚싯줄을 달고 낚싯바늘을 달았는데, 낚싯바늘 끝이 물고기 입안에 한번 들어가면 걸려서 잘 빠지지 않는답니다.

통발
안으로 들어갈수록 폭이 좁아지는 통이에요. 가늘게 쪼갠 대나무나 싸리를 엮어 만들어요. 물속에 넣어 두면 물고기들이 들어갔다가 되돌아 나오지 못해 결국 잡히게 된답니다.

"두 분이 곰이라도 잡을 것처럼 씩씩하게 가시더니 고작 토끼 한 마리 잡고 너무 좋아하시는 거 아닙니까?"

"쳇, 넌 물고기 한 마리도 못 잡고 큰소리냐?"

금복은 할 말이 없었는지 조용히 어구들을 챙겼어요.

"오, 잡았다. 나도 잡았어!"

금복은 물속에서 통발을 건져 올리더니 신이 나서 소리쳤어요. 통발 안에는 아기 손바닥만 한 물고기 세 마리가 들어 있었어요.

"오늘 저녁은 아주 푸짐하겠군. 수화에게 맛있게 요리해 달라고 해야겠어!"

"그러게요, 도련님. 전 배가 너무 고파 쓰러질 지경이에요."

금복과 하진, 수인은 신이 나서 수화가 기다리는 초가집으로 걸음을 옮겼어요.

옛날과 오늘날의 도구 사냥 도구와 어구

옛날에는 주변에서 스스로 먹을 것을 구해야 했기 때문에 사냥 도구와 어구들이 발달했어요. 하지만 오늘날에는 사냥이나 낚시를 취미로 하는 사람이 많아졌어요.

사냥총

옛날에 산에서는 올가미나 벼락 틀을 이용해서 사냥을 했어요. 오늘날에는 현대화된 덫이나 사냥총을 이용해요.

옛날에는 해녀들이 특별한 장비 없이 바닷속으로 들어가 전복을 따거나 문어 단지 속에 있는 문어를 꺼냈어요.
오늘날에는 체온도 유지해 주고, 몸도 보호해 주는 잠수복을 입고 해산물을 잡아요.

해녀복

옛날에는 작살과 대나무로 만든 낚싯대를 이용하거나 통발을 설치해서 물고기를 잡았어요.
오늘날에는 가볍고 탄력도 좋은 다양한 형태의 낚싯대를 사용해요.

낚싯대

농기구

갈고, 파고, 베고, 거두고
농사를 짓자

"금복아, 가자."

"도련님, 오늘은 또 어딜 가십니까?"

오늘따라 유난히 신이 난 하진의 모습이 이상했는지 금복이 고개를 갸웃거리며 물었어요.

"어딜 가긴 스승님 뵈러 간다."

그런데 하진의 발길은 서당 쪽이 아니라 윗마을로 향하고 있었어요.

"스승님을 뵈려면 서당으로 가셔야지요."

"이놈아, 글공부 가르쳐 주시는 훈장님만 스승님이냐? 나에게 농사를 가르쳐 주시는 스승님은 따로 계신다."

"아, 봄에 가셨던 김 서방네 말씀이십니까? 곡괭이하고 쟁기도 구분하지 못해서 김 서방한테 혼도 많이 나셨지요. 게다가 밭을 갈겠다더니 오히려 소한테 끌려다니시지 않았습니까? 그런데 과거를 볼 도련님이 그렇게 혼나면서까지 농사는 무엇 때문에 배우십니까?"

"'농자천하지대본'이라고 하지 않았느냐. 즉 농사짓는 일은 천하의 근본이라는 말이다. 심지어 임금께서도 친히 농사를 지어 모범을 보이신다는데, 내가 또 가만히 있을 수는 없지."

논밭을 가는 데 사용하는 농기구

써레
갈아 놓은 논의 바닥을 고르는 데 쓰는 농기구예요. 긴 각목에 둥글고 끝이 뾰족한 살을 7~10개 박고, 손잡이를 옆으로 길게 만들었으며, 각목에 밧줄을 달아 소나 말이 끌 수 있게 만들었어요.

쟁기
소에게 달아 논밭을 갈 때 사용해요. 곡식을 심기 전에 땅을 뒤엎어 잡초를 없애고, 새 공기를 쐬어 주지요.

곡괭이
사람이 직접 땅을 파는 데 사용하는 도구예요. 딱딱한 흙을 파서 부드럽게 하고, 박힌 돌멩이를 파내는 데 사용해요.

하진은 올해 농사를 배우려고 종종 김 서방네에 갔어요. 철마다 가서 농사일을 배웠지요. 금복은 하진이 쩔쩔매며 소에게 끌려다니던 일이 자꾸 생각나서 키득키득 웃기만 했어요.

"그만 좀 웃어. 그래도 지난번 네가 안 갔을 때 내가 쇠스랑으로 흙도 부수고, 가래로 이랑도 파고, 씨앗도 뿌렸다니까!"

"아이고, 도련님 입에서 농기구 이름이 줄줄 나오는 것을 보니 정말로 농사일을 열심히 배우셨나 보네요."

"풍년이 왔네, 풍년이 왔어. 금수강산에 풍년이 왔네!"

하진은 금복이 얄밉게 비웃는데도 노래까지 흥얼거리며 신이 났어요. 봄에 막 씨앗을 뿌렸을 때는 언제 싹이 나고 자라서 곡식이 열릴

흙을 부수고 파는 데 사용하는 농기구

쇠스랑
쟁기로 갈아 놓은 밭에는 흙덩이가 많아요. 단단한 흙덩이가 많으면 씨앗이 잘 자라지 못하지요. 쇠스랑은 이런 흙덩이를 부수거나 두엄, 풀 등을 긁어낼 때 사용해요.

고무래
밭의 흙을 고르거나 곡식이나 아궁이의 재를 긁어모을 때 사용해요. 밭에 씨를 뿌린 다음에는 고무래로 살살 흙을 덮어 주지요.

가래
밭에 이랑을 팔 때 사용하는 도구예요. 한 사람은 자루를 잡고, 다른 사람들은 양쪽에서 줄을 잡아당기면서 흙을 파서 던져요.

까 하고 생각했어요. 그런데 어느덧 여름이 지나고 가을이 되어 곡식을 거두어들일 때가 된 거예요. 하진은 자신이 심고 키운 곡식을 거둘 생각에 흥이 절로 났어요.

"스승님, 안녕하십니까?"

"아이고, 제자 왔는가."

"저도 왔어요."

하진과 금복이 도착해 인사하자 김 서방이 환하게 맞아 주었어요. 높은 양반 댁 도령이니 함부로 반말을 해서는 안 되지만 하진이 농사일을 배우는 동안은 스승과 제자로 지내기로 했어요.

"이제 늦잠도 안 자고 새벽같이 일찍 온 걸 보니 제법 농사꾼 티가 나는군."

"자, 그럼 이제 농기구를 챙겨야겠지요?"

처음에 왔을 때는 무엇부터 할지 몰라 멀뚱이 서 있던 하진이 제법 팔까지 걷어붙이며 나서자 김 서방은 흐뭇해했어요.

하진과 금복, 김 서방은 농기구를 챙기러 창고에 들어섰어요.

"어디 지난여름에 배운 것 복습 좀 해 볼까? 논이나 밭에 물을 대기 위해 사용했던 농기구가 무엇인지 알겠나?"

"헤헤, 시험까지 보시다니 무서운 스승님이네요."

하진은 웃으면서도 용두레, 무자위 등 농기구들을 척척 집어냈어요. 게다가 이름까지 틀리지 않고 줄줄 외웠지요.

물을 대기 위해 사용하는 농기구

여름에 농작물이 잘 자랄 수 있도록 물을 주기 위해 사용했던 농기구로는 두레박, 용두레, 무자위 등이 있어요.

무자위
무자위는 물이 논밭보다 낮은 곳에 있을 때 물을 퍼 올리는 기구예요. 둥근 바퀴에 나무판이 날개처럼 달려 있는데, 이 바퀴를 돌리면 퍼 올려진 물이 위쪽의 논밭으로 흘러 들어가지요.

두레박
두레박은 바가지나 나무 그릇 등에 줄을 길게 달아 물을 퍼 올리는 도구예요.

용두레
용두레는 통나무를 배 모양으로 파서 삼각대에 매달아 놓은 도구예요. 웅덩이에 세워 놓고 그네처럼 밀면 웅덩이의 물을 퍼 올려 논에 그 물을 쏟아 놓지요.

그런데 싱글싱글 웃으며 자신만만하던 하진이 갑자기 눈살을 찌푸렸어요. 금복이 깜짝 놀라 물었지요.

"도련님, 왜 그러세요? 어디 아프세요?"

그러자 하진은 호미랑 귀때동이를 가리켰어요.

"아이고, 내가 저 도구들을 보니 머리와 허리가 동시에 아픈 것 같아 그런다. 여름에 쑥쑥 자라는 곡식을 보고 기분은 좋았다만 잡초도 같이 쑥쑥 자라지 뭐냐? 햇볕이 쨍쨍한 여름에 저 호미를 들고 쭈그린 채로 온종일 김을 매었더니 허리가 아주 끊어지는 것 같더라고."

그러자 금복이 웃으며 대꾸했어요.

"아니, 그럼 그만한 노력도 없이 곡식이 저절로 생기는 줄 아셨습니까? 그런데 머리는 왜 아픕니까?"

"곡식이 잘 자라려면 거름을 주어야 할 것 아니냐? 그래서 오줌장군으로 오줌을 날라 거름을 만들고, 그걸 귀때동이에 담아 뿌려 주었지. 그런데 그 냄새가 어찌나 독하던지 머리가 다 아프더라고. 게다가 몸에 냄새가 배어 며칠 동안은 없어지지도 않았다니까."

"이제 엄살 그만 부리고 움직이세. 이렇게 늑장 부리다가는 추수도 못 하겠네. 자, 그럼 곡식을 거둘 때 필요한 농기구들을 알려 줄 테니

거름을 주는 데 쓰는 도구

오줌장군
장군은 오줌, 술, 물 등 액체로 된 것을 담아 나르던 도구예요. 작은 입구가 위로 나 있고, 독을 옆으로 뉘어 놓은 것처럼 생겼어요. 오줌장군은 오줌을 담아 나르는 데 사용한 도구예요.

귀때동이
액체를 따르기 쉽도록 주전자의 부리 같은 것이 한쪽에 나와 있는 동이예요. 거름을 담아 논밭의 여기저기에 뿌려 줄 때 사용했어요.

거름통
거름을 담아 두던 통이에요. 옛날에는 오줌이나 똥에 풀을 섞어 썩혀서 거름을 만들었어요.

챙겨 들고 나가세."

 김 서방의 설명을 듣고 난 하진과 금복은 낫, 그네 등을 챙겨 들었어요. 논으로 나가니 잘 익은 벼들이 금색으로 일렁이고 있고, 추수를 도와줄 농부들은 벌써 와서 서둘러 벼를 베고 있었어요.

"낫을 잘못 사용하면 손이 베일 수 있으니 조심해서 사용하게."

 하진과 금복은 열심히 벼를 베었어요. 그리고 그네로 볏단을 훑어 이삭을 떨어냈어요. 우수수 떨어진 이삭들은 넉가래로 그러모아 한곳에 잘 담았지요.

 몸은 힘들었지만 곡식을 거두는 기쁨에 사람들과 웃고 이야기하며 일을 하다 보니 어느새 하루가 지나갔어요. 힘든 일을 하는 중간에 농부들과 둘러앉아 먹은 새참도 아주 맛있었지요.

"올해는 풍년이야."

"그러게, 이렇게 풍년이 들었으니 올가을에는 곳곳에서 방아 찧는 소리가 요란하겠구먼."

 농부들이 기뻐하는 모습에 하진과 금복도 마주 보며 웃었지요.

 집으로 돌아오려고 할 때 김 서방은 하진과 금복에게 곡식을 조금 나누어 주었어요.

"자, 이건 그동안 열심히 일한 값이야. 양은 많지 않지만 직접 일해 얻은 것이니 맛이나 보게."

"아이고, 고맙습니다."

곡식을 빻는 도구

사람이 직접 곡식을 빻을 때는 절구를 이용했지만 많은 양의 곡식을 빻아 가루를 낼 때는 힘이 덜 들도록 방아를 이용했어요. 방아는 빻는 방식에 따라 여러 종류가 있어요.

절구
사람이 직접 곡식을 빻을 때 쓰는 도구예요.

물방아
물받이에 물이 차면 반대쪽 공이가 들리고, 물받이가 기울어져 물이 쏟아지면 공이가 아래로 떨어지면서 곡식을 찧어요.

디딜방아
굵은 나무 한끝에 공이를 박고 다른 끝은 두 갈래로 만들어 두 사람이 발로 밟아서 곡식을 찧는 방아예요.

물레방아
쏟아지는 물이 큰 나무 바퀴를 굴리고, 연결된 나무가 방아의 한끝을 눌러 들어 올렸다가 떨어뜨렸다 반복하면서 자동으로 곡식을 찧어요.

연자매
말이나 소에게 돌을 돌리게 해서 곡식을 찧는 방아예요.

금복은 덥석 곡식을 받아 들었어요.

"제가 수업료를 내야 하는데 이렇게 주시면 어떻게 해요?"

하진은 받기가 미안해서 머리를 긁적였어요.

"우수한 학생에게 주는 상이라고 생각하게."

김 서방의 말에 하진도 곡식을 받아 들었어요.

"고맙습니다. 안녕히 계세요. 내년에도 일 도우러 올게요."

하진은 자신이 돌아가는 모습을 지켜보는 김 서방을 향해 손을 흔들었어요.

옛날과 오늘날의 도구 농기구

농사는 손이 많이 가기 때문에 쉬운 일이 아니에요.
어떤 농기구들이 농부들의 바쁜 일손을 덜어 주고 있는지 살펴보고,
옛날의 농기구들과 오늘날의 기계화된 농기구들을 비교해 보세요.

옛날에는 쟁기와 써레, 곡괭이 등으로 밭을 갈았어요. 오늘날에는 트랙터 뒷부분에 농기구를 달아 흙을 부드럽게 하고 밭을 갈아요.

트랙터

옛날에는 모를 한 포기씩 손으로 심었어요. 오늘날에는 모내기 기계라고도 하는 이앙기를 이용해서 모를 심어요.

이앙기

살수기

옛날에는 무자위로 물을 퍼 올려 논밭에 물을 댔어요.
오늘날에는 농작물에 자동으로 물을 흩뿌려 주는 살수기를 이용해요.

옛날에는 낫으로 벼를 베었어요.
오늘날에는 바인더로 곡류를 베어 수확하면서 동시에 다발로 묶어 주지요.

콤바인

옛날에는 곡식의 이삭에서 낟알을 떼어 내기 위해 도리깨질을 했어요.
오늘날에는 곡식을 베면서 동시에 낟알을 털어 주는 콤바인을 이용해요.

주방도구

요리는 어려워!

"수화야, 집에 있어?"

며칠 후 하진은 농사를 지어 받은 쌀과 곡식을 들고 수화의 집에 들렀어요.

"응, 어서 와. 오랜만이네."

"사실은 줄 것도 있고, 부탁할 것도 있어서 들렀어."

하진은 어깨에 메고 있던 쌀자루를 내려놓으며 말을 이었어요.

"이거 내가 직접 농사일을 돕고 받은 쌀과 곡식이야. 너한테 좀 나누어 주고 싶어서."

"고마워, 잘 먹을게. 그런데 부탁은 뭐야?"

사실 며칠 후면 하진의 어머니인 윤씨 부인의 생일이에요. 하진은 자신이 농사지은 곡식으로 어머니의 생신상을 차려 드리면 좋겠다고 생각하고 수화에게 부탁을 하러 온 거예요.

"그런데 집에서 하인들에게 부탁하면 어머니가 눈치채실 것 같아. 네가 도와주면 안 될까?"

"좋아, 너희 어머니 생신이라니 당연히 나도 도와야지. 네가 가져온 쌀과 곡식으로 시루떡이랑 인절미를 하자. 그럼 지금부터 준비해 볼까? 우선 떡을 만들 쌀가루와 재료를 준비해야 해."

수화는 우선 키와 조리를 들고 왔어요. 키와 조리를 이용해 하진이 가져온 쌀에서 쭉정이와 돌을 골라냈어요.

곡식에 있는 쭉정이와 돌을 골라내는 도구

키
곡식을 키 위에 얹어 위아래로 흔들면 가벼운 쭉정이는 바람에 날려 밖으로 날아가고, 잘 익어 묵직한 곡식은 안으로 모여요. 바깥쪽은 넓게 펼쳐져 있어 곡식을 날리기에 좋고, 안쪽은 동그랗게 파여 있어 익은 곡식들이 한곳으로 모이게 돼요.

조리
곡식에 섞여 있는 돌을 골라내는 도구예요. 곡식을 바가지에 담고 물을 부은 후 조리로 살살 일면, 곡식은 물에 떠오르고 돌은 가라앉지요. 그러면 조리로 윗부분의 곡식만 떠서 밥을 지어요.

"이번엔 이 쌀과 찹쌀을 가루로 만들고, 콩과 팥으로 떡에 쓸 고물을 만들 차례야."

수화와 하진은 손발이 척척 맞았어요. 하진은 수화가 시키는 대로 쌀과 찹쌀을 절구에 넣고 곱게 빻아 가루로 만들었어요. 그리고 수화는 떡고물로 쓸 콩과 팥을 맷돌에 넣고 갈았어요.

'쿵, 돌돌돌, 쿵, 돌돌돌'

절구질을 하고 맷돌을 돌리는 소리가 경쾌하게 울려 퍼졌어요.

곡식을 빻고, 가는 도구

절구
곡식을 빻을 때 쓰는 도구예요. 우묵하게 만든 돌이나 통나무에 곡식을 넣고 절굿공이를 들었다 놓았다 하며 곡식을 찧어요.

맷돌
곡식을 갈아 가루로 만들거나 물에 불린 곡식을 갈 때 사용해요. 울퉁불퉁하고 둥글넓적한 윗돌과 아랫돌이 한 짝이에요. 아랫돌 중심에 박힌 중쇠에 윗돌의 구멍을 맞추어 얹어요. 윗돌의 구멍에 곡식을 넣고 윗돌에 달린 손잡이를 돌리면 곡식이 갈아져요. 잘게 갈 때는 그대로 맷돌을 돌리고, 껍질만 벗겨 낼 때는 맷돌 사이에 엽전을 끼워 틈을 적당히 벌려요. 그러면 껍질만 벗겨진답니다.

"그럼 이제 떡에 쓸 가루와 고물은 준비가 다 되었어. 하지만 떡은 생일날 쪄야 하니까, 네가 금복이와 도구를 준비해서 우리 집으로 가져다 줘. 그런데 국수는 어떻게 하지? 생일엔 국수를 먹어야 하는데, 국수를 여기서 끓여서 갈 수는 없잖아?"

하진은 잠시 고민에 빠졌어요. 그러더니 무릎을 탁 치며 말했어요.

"그래, 우선 여기서 떡이며 다른 것들을 같이 준비한 다음에 내가 잠시 어머님을 모시고 나갔다 올게. 그동안 네가 우리 집으로 와서 금복이랑 하녀 곱분이랑 국수를 준비해 줘."

"그렇게 하자. 생신 선물로 네가 준비한 잔칫상을 받으시면 어머니께서 틀림없이 좋아하실 거야. 그럼 부탁한 도구들을 챙겨서 그날 우리 집에서 만나자."

"알겠어. 고마워, 수화야."

하진은 수화가 부탁한 도구들을 잊지 않도록 이름을 중얼중얼 외우며 집으로 돌아갔어요.

드디어 윤씨 부인의 생일날이 되었어요. 하진은 금복과 함께 떡을 만들 도구들을 준비해 수화의 집으로 왔어요. 수화의 오라버니 수인도 하진을 반갑게 맞아 주었지요.

"수화야, 네가 준비하라고 했던 도구들이야."

하진과 금복은 부엌 앞 마루에 도구들을 내려놓았어요.

"좋아, 그럼 이제 떡을 만들면 되겠구나. 떡살까지 가져왔으니 예쁜

떡메 치기
'안반'이라고 하는 두껍고 넓은 나무판 위에 찐 쌀을 올려놓고 떡메로 쳐서 반죽을 만들어요.

떡살
떡을 눌러 갖가지 무늬를 찍어 내는 판이에요. 꽃, 빗살, 수레바퀴 등 다양한 무늬가 새겨져 있어서 떡에 꾹 누르면 무늬가 새겨졌어요. 참나무, 소나무, 박달나무 등 나무나 사기로 만들어요.

떡시루
떡을 찔 때 쓰는 그릇으로 바닥에 여러 개의 구멍이 뚫려 있어요. 물 솥에 올려놓고 불을 때면 뜨거운 수증기가 구멍 속으로 들어가 떡이 익어요.

무늬를 찍은 절편도 만들 수 있겠어."

　수화는 우선 찹쌀을 시루에 쪘어요. 그리고 찐 찹쌀을 금복에게 주었어요. 금복은 찐 찹쌀을 떡메로 내리쳐서 쫄깃한 반죽을 만들었어요. 그리고 반죽을 잘게 썰어 그 위에 콩가루를 묻히는 것은 하진의 몫이었어요. 어느새 쫄깃하고 고소한 인절미가 만들어졌어요.

　"우아, 고소한 냄새. 아이고, 먹고 싶어라."

　금복은 먹고 싶어서 안달이 났지만 어른의 생신상에 올릴 것이니 먼저 손을 댈 수도 없었지요. 금복은 꾹 참고 잘게 끊어 낸 반죽에 도장을 찍듯 떡살을 꾹 눌러 예쁜 절편을 만들었어요.

　수화는 하진과 금복이 인절미와 절편을 만드는 동안 시루떡을 만들었어요. 쌀가루와 팥을 켜켜이 시루에 넣고 불에 올렸지요. 잠시 후 김이 모락모락 오르면서 시루떡 냄새가 솔솔 났어요.

　"아씨, 제가 이것도 챙겨 왔는데, 이건 안 필요하세요?"

　어느새 일을 마친 금복이 부엌

찬합

찬합은 반찬이나 밥을 담을 수 있는 휴대용 식기예요. 여러 층으로 되어 있고, 앞판을 위에서 밑으로 내려 끼워 닫을 수 있도록 만들었어요. 나무로 만든 찬합은 옻칠을 해서 쉽게 썩지 않아요. 또 기름을 먹여 물기가 식기에 쉽게 흡수되지 않도록 했어요.

쪽으로 무언가를 쑥 내밀었어요.

전, 나물 등 미리 준비한 몇 가지 반찬을 찬합에 담던 수화는 고개를 갸웃거리며 금복을 바라보았어요.

"소줏고리네. 그건 가져다 달라고 한 적이 없는데?"

"소줏고리? 그건 소주를 만들 때 쓰는 거 아니야? 이놈아, 일하다 말고 웬 술타령이야?"

하진이 금복을 노려보았어요.

🔵 **소줏고리**

소줏고리는 전통 방식의 소주를 만들 때 쓰는 도구예요. 눈사람 모양으로 생긴 그릇으로, 허리 부분에 아래쪽으로 뻗은 주둥이가 달려 있어요. 소줏고리로 소주를 만들려면 우선 가마솥에 곡류나 과실을 발효시켜 만든 술을 담고, 그 위에 소줏고리를 올려놓아요. 그리고 소줏고리의 윗부분에는 차가운 물을 담은 그릇을 올려놓고, 주둥이를 제외한 틈을 막아요. 술을 끓이면 증기가 차가운 물에 닿아 식으면서 액체가 되고, 그 액체가 주둥이를 통해 떨어져요. 이것을 모으면 전통 방식의 소주가 된답니다.

"도련님, 이렇게 좋은 날 술이 빠질 수 있나요? 게다가 아씨께서 찬합에 이렇게 맛있는 반찬까지 담고 계시잖아요."

입맛까지 쩝쩝 다시며 아쉬워하는 금복의 태도에 수화와 하진은 어이가 없어 웃고 말았어요.

"그럼 전에 담아 둔 막걸리라도 한 동이 줄 테니 소줏고리는 도로 챙겨 두렴."

"에고, 오늘은 맑은 소주 좀 먹어 보나 했더니, 아쉬운 대로 막걸리라도 마셔야겠네요."

가마솥
밥을 짓거나 음식을 끓일 때 사용하던 커다랗고 검은 무쇠솥이에요. 가마솥은 뚜껑이 무거워서 내부 압력이 높고, 온도가 높게 유지되어 밥이 찰지고 맛있게 돼요. 요즘의 압력 밥솥과 비교해도 뒤지지 않는답니다.

아쉬워하면서도 술을 준다는 소리에 신이 난 금복은 음식이며, 도구들을 챙겨 들고 성큼성큼 집으로 돌아갔어요.

하진은 서둘러 집으로 돌아가 어머니를 모시고 산책을 나갔어요. 수화는 금복을 따라 하진의 집 부엌으로 들어섰어요. 수화가 부탁한 대로 부엌에서는 곱분이가 가마솥과 국수틀을 준비해 놓고 기다리고 있었어요.

"시간이 없으니 먼저 육수부터 끓여야겠네."

수화는 커다란 가마솥에 무, 파, 마른 멸치 등 온갖 재료를 넣고 시원한 육수를 끓이기 시작했어요.

국수의 국물이 될 육수가 보글보글 끓는 동안 곱분이는 밀가루에 물을 넣고 치대어 반죽을 만들었어요. 수화는 곱분이가 만들어 준 반죽을 국수틀에 넣고 꾹 눌러 국수면을 만들었어요.

국수틀
통나무를 깎아서 만든 틀 가운데에 분통이 파여 있어요. 분통 밑에는 여러 개의 작은 구멍이 뚫린 쇠판이 달려 있지요. 반죽을 분통에 넣고 틀을 누르면 아래로 가느다란 국수가 뽑아져 나와요.

요리는 어려워! **87**

채반
껍질을 벗긴 싸리나 대나무 등의 가는 나뭇조각을 엮어 만든 넓적한 쟁반이에요. 전이나 빈대떡 등을 담아 두기도 하고, 야채를 씻어 물기를 뺄 때 사용하기도 해요.

그리고 가늘게 뽑아진 면을 끓는 물에 넣고 익혀 찬물에 헹구었어요. 헹군 면은 채반에 얹어 물기를 빼내었어요. 이제 면에 육수를 붓고 양념과 고명만 얹으면 된답니다.

"국수도 다 되었는데, 왜 안 오지?"

그때였어요. 하진이 부엌으로 고개를 쏙 내밀었어요.

"이제 상을 차려서 내면 될 것 같아. 어머니는 안방에 계셔."

하진도 마음이 급했는지 부엌으로 들어와 일을 도왔어요.

"금복아, 너는 상을 펼치고, 곱분이는 그릇 좀 집어 줘."

수화는 떡과 반찬은 접시에 담고, 준비한 국수는 식지 않도록 놋그릇에 담았어요. 전을 찍어 먹을 간장도 종지에 담았어요. 상이 다 차려지자 수화와 하진은 상을 들고 살금살금 안방으로 갔어요. 드르륵 문이 열리고 잔칫상이 들어오자 윤씨 부인은 깜짝 놀랐어요.

"어머나, 이게 웬일이야?"

미리 하진에게 이야기를 들은 하진의 아버지와 수화의 오빠인 수인도 방으로 들어왔어요.

"생신 축하드려요."

"부인, 생일 축하하오."

하진이 차린 잔칫상을 본 윤씨 부인은 너무 기뻐서 눈물까지 글썽였어요.

"그러니까 우리 아들이 직접 농사지은 걸로 수화가 음식을 만들었다는 거지?"

이야기를 들은 윤씨 부인과 가족들은 더욱 맛있게 식사를 했어요.

"그런데 수화가 음식을 해 주지 않았으면 큰일 날 뻔했어요. 전 조금 도왔을 뿐인데도 너무 힘들어요. 요리는 너무 어려운 것 같아요!"

하진의 말에 가족들은 모두 웃고 말았어요.

다양한 그릇

장병
간장이나 식초를 담아 두던 병이에요.

뚝배기
찌개를 끓일 때 사용해요. 불에서 내려놓아도 쉽게 식지 않아요.

놋그릇
구리와 아연을 섞어 만든 놋쇠로 된 그릇이에요. 뜨거운 음식을 담아도 쉽게 식지 않고, 독에 닿으면 색이 변해요.

종지
간장, 고추장 등을 상에 올릴 때 담는 작은 그릇이에요.

가마솥

전기밥솥
옛날에는 뚜껑이 무겁고 바닥이 두꺼운 가마솥에 밥을 했어요. 오늘날에는 다양한 기능이 있는 전기밥솥을 사용해요.

아궁이

가스레인지
옛날에는 아궁이에 장작이나 나뭇가지를 넣어 불을 지펴서 음식을 만들었어요. 오늘날에는 가스레인지나 인덕션 레인지를 이용해 음식을 해요.

휴대용 가스레인지
옛날에는 작은 화로인 풍로를 이용해 음식을 데우거나 간단한 음식을 만들었어요. 오늘날에는 가지고 다니기에 편리한 휴대용 가스레인지를 사용해요.

풍로

짚으로 만든 도구
짚으로 못 만드는
물건이 없네!

"이놈, 또 어딜 가는 거냐?"

살금살금 집 밖으로 나가려던 하진은 아버지에게 딱 걸렸어요.

"새해가 되었으면 새로운 마음으로 공부해야지, 또 돌아다닐 궁리부터 하느냐? 금복이 너도 이번엔 하진이를 제대로 지키지 않으면 혼날 줄 알아라."

결국 하진은 꼼짝없이 방에 갇히게 되었어요.

"이것 보십시오. 도련님 때문에 저까지 혼났잖아요. 나이도 한 살 더 드셨으니 제발 철 좀 드십시오."

금복이는 손에 침을 탁 뱉고는 짚 몇 가닥을 양손에 갈라 쥐었어요. 그러고는 발바닥으로 짚의 한쪽 끝을 누르고 오른손은 바깥쪽으로 밀어내고, 왼손은 안쪽으로 당기면서 짚을 꼬았어요. 그러자 짚이 꼬이면서 새끼줄이 만들어졌어요. 계속해서 짚을 연결해 긴 새끼줄을 꼬고 줄이 길어지면 엉덩이를 살짝 들어 올려 줄을 뒤로 빼는 품이 제법 익숙해 보였어요.

"도련님, 공부는 안 하시고 왜 저만 보십니까? 전 새끼를 꼴 테니 도련님은 책을 읽으십시오."

"이놈아, 네가 '난 떡을 썰 테니 넌 글을 써 보아라.' 하고 말하던 한석봉 어머니냐? 네가 그렇게 부스럭거리고 앉았으니 신경이 쓰여서 그러지 않느냐?"

하진은 새끼를 꼬고 있는 금복의 모습이 신기해서 보고 있으면서도 괜스레 정신 사납다며 투덜거렸어요.

"그래, 그 새끼를 꼬아 무얼 하려고 그러느냐?"

"짚으로는 못 만들 것이 없지요."

하진은 보통 때와는 달리 진지한 모습으로 부지런히 새끼를 꼬는 금복의 모습이 신기해 계속 말을 걸었어요.

새끼 꼬기

가을걷이를 끝내고 나면 겨울에는 농사일이 좀 한가해져요. 그러면 농부들은 짚으로 새끼를 꼬아 다양한 물건을 만들었어요. 짚은 벼나 보리, 밀 등에서 이삭을 털어 내고 남은 줄기예요. 보릿짚이나 밀짚은 딱딱해서 주로 땔감으로 쓰고, 물건을 만들 때는 대부분 볏짚을 사용했어요.

"짚으로 못 만들 게 없다니 너무 허풍이 심한 거 아니냐?"

"짚으로 집도 만들고, 신도 만들고, 옷도 만드는데 허풍이라니요?"

금복의 말에 하진은 눈이 동그래졌어요.

"집은 초가집을 말하는 걸 테고, 짚신은 알겠는데 짚으로 옷도 만들다니 그건 처음 듣는구나."

"농부들이 비 올 때 입는 도롱이 말이에요."

"아, 그렇구나. 네 말을 듣고 보니 짚으로 못 만드는 물건이 없구나."

하진이 관심을 갖자 금복은 신이 나서 짚으로 만들 수 있는 물건을 줄줄 외워댔지요.

짚으로 만든 물건

초가집
짚은 가벼우면서도 여름엔 시원하고, 겨울엔 따뜻한 재료예요. 그래서 볏짚을 엮어 지붕에 얹기도 했는데, 이런 집을 '초가집'이라고 해요.

도롱이
안쪽에는 볏짚을 엮고, 바깥쪽에는 볏짚을 길게 드리워서 만든 일종의 비옷이에요. 농촌에서 일할 때 비가 오면 삿갓을 쓰고 도롱이를 허리나 목에 둘러 비를 피했어요.

짚신
볏짚을 엮어 만든 짚신은 대부분의 사람들이 신었던 신발이에요. 부유한 사람들은 가죽신을 신기도 했지만 보통은 남녀노소 구분 없이 짚신을 신었답니다.

"망태기, 삼태기, 가마니, 씨오쟁이. 웬만한 건 다 짚으로 만든 주머니나 그릇에 담아요."

"우아, 네가 그런 걸 다 직접 만들 수 있다는 거야?"

그러자 금복은 다시 시무룩해졌어요.

"아직 전 짚신밖에 못 만들어요. 다른 건 안 만들어 봤어요. 그래서 올겨울엔 행랑채의 다른 어른들께 배우기로 했는데, 도련님 때문에 새끼만 꼬고 있잖아요."

그 말에 하진이 벌떡 일어섰어요.

"그럼, 행랑채로 가자꾸나."

"어휴, 그랬다간 전 죽습니다. 아까 못 들으셨어요?"

금복은 펄펄 뛰었지만 하진은 금복을 살살 달래어 행랑채로 갔어요. 큰 행랑방에 여러 하인들이 모여 주거니 받거니 수다를 떨면서 짚으로 물건을 만들고 있었어요.

"아이고, 이러다가 마님께서 아시면 큰일 납니다."

"어허, 밖에만 안 나가면 될 게 아니냐. 공부하다가 잠시 행랑채에서 머리 좀 식힌다고 큰일이야 나겠느냐?"

방의 가장 안쪽에서는 행랑아범이 틀에 새끼를 걸어 놓고 무엇인가를 열심히 짜고 있었어요.

"행랑아범, 그건 제법 커 보이는데 무얼 짜는 거야?"

"도련님, 오셨어요? 이건 멍석이에요."

짚으로 만든 생활 도구

망태기
채소나 과일 등 물건을 담아 들거나 어깨에 메고 다닐 수 있도록 만든 가방이에요.

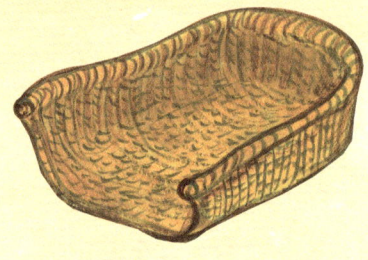

삼태기
흙, 재, 거름 등을 담아 나르는 데 쓰던 도구예요.

가마니
소금이나 쌀 등을 담기 위해 짚으로 만든 자루예요.

씨오쟁이, 종다래끼
다음 해에 뿌릴 씨앗이나 종자를 담아 두던 그릇이에요. 바람이 잘 통하고 습기를 잘 빨아들여서 곰팡이가 피지 않게 보관할 수 있어요.

멍석
사람이 앉거나 나물을 말릴 수 있도록 마당이나 평상에 까는 자리예요.

먹둥구미
곡식이나 채소, 자잘한 물건들을 담아 두던 그릇이에요.

신기한 물건이라도 본 듯 그 옆으로 달려가 구경하던 하진은 멍석이라는 말에 그만 시큰둥해졌어요.

"에이, 난 또 뭐 대단한 물건이라도 되는 줄 알았네."

그 말에 금복이 나섰어요.

"멍석이야 말로 대단한 물건이지요. 안 그래요, 어르신?"

하지만 행랑아범은 빙그레 웃기만 했어요.

"생각해 보세요, 도련님. 멍석에 고추를 펼쳐 말릴 수도 있고, 여름엔 그 위에 누워 쉴 수도 있고, 방 안에 깔아 놓기도 하고, 잔칫날 마당에 펼치면 손님을 맞는 공간도 되고, 장터에 펼치면 놀이판도 되지요. 게다가 필요 없을 때는 한구석에 도르르 말아 놓으면 자리를 많이 차지하지도 않아요. 제 생각엔 멍석이야말로 짚으로 만든 물건 중에 최고라고요."

하진은 숨도 쉬지 않고 멍석에 대해 줄줄이 이야기하는 금복이 다른 날과는 달리 아주 멋져 보였어요.

"우아, 너 대단하구나."

"그러게요. 철없는 줄만 알았더니 제법 생각이 깊네요."

행랑아범도 금복을 보며 미소를 지었어요.

"도련님, 오신 김에 왼새끼를 꼬아 보시겠어요?"

행랑아범이 하진을 보며 말했어요.

"왼새끼요?"

"우리가 평소에 꼬는 새끼는 오른새끼고요, 반대로 꼬는 것이 왼새끼예요."

금복이 나서서 대답했지만 하진의 궁금증은 풀리지 않았어요.

"왜 평소와는 다른 방향으로 꼬는 거지?"

그러자 행랑아범이 느릿하게 대답했어요.

"평소에 물건을 만들 때는 익숙한 대로 오른쪽으로 새끼를 꼬지요. 하지만 금줄처럼 신성한 의식에 사용하는 새끼줄은 그 반대인 왼쪽으로 꼬아 만든답니다. 보통과는 다르다는 의미이지요."

행랑아범의 말에 하진은 금복과 나란히 앉아 왼새끼를 꼬았어요. 손바닥이 따끔거리고 빨갛게 부어올라 새끼를 꼬는 것이 쉽지 않았어요. 오른새끼를 잘 꼬던 금복도 반대로 하려니 쉽지는 않은 모양이었어요.

"아이고, 도련님. 잘 좀 하십시오."

"글쎄, 잘 안되는구나. 네가 자꾸 뭐라고 하니까 주눅 들어서 더 잘 안 되지 않느냐!"

금복과 하진은 티격태격 다투면서 왼새끼를 꼬아 긴 줄을 만들었어요.

"그런데 이 줄은 어디에 쓰려는 거냐?"

금복은 긴 줄을 어깨에 둘둘 말아 메고는 밖으로 나섰어요.

왼새끼로 꼰 새끼줄
아기가 태어났을 때 문에 거는 금줄, 장례를 치를 때 머리나 허리에 두르던 띠, 성황당에 두르는 새끼줄 등은 모두 왼새끼로 꼬았어요. 이처럼 새끼줄은 신성한 의식을 치를 때도 사용되었어요.

볏가릿대
음력 정월 대보름 전날에 세우던, 볏짚으로 둘러싼 장대예요. 여러 곡식을 짚단에 싸거나 종다래끼에 넣어 장대 끝에 매달았어요. 음력 2월 1일에 볏가릿대를 쓰러뜨리면서 그 안의 곡식을 보고 풍년을 점쳤어요.

"저를 따라와 보세요."

금복을 따라 동네의 한 골목에 들어서니 사람들이 집집마다 새끼줄을 들고 모였어요. 그러고는 그 새끼줄들을 모아 다시 아주 길고 굵은 줄을 만들고 있었어요.

"알겠다. 정월 대보름에 줄다리기할 때 쓸 줄을 만드는 것이구나!" 많은 사람이 모인 골목길은 이미 대보름이 된 것처럼 한껏 들뜬 분위기였어요. 금복도 신이 났지요.

"대보름날 줄다리기할 때 쓸 줄을 만들 때는 이렇게 집집마다 새끼줄을 꼬아 그것을 모아서 만들어요. 우리가 오늘 꼰 새끼줄도 여기에 들어갈 거예요. 이 줄다리기는 말이에요, 누가 이기냐에 따라 풍년인지 아닌지를 점칠 수 있거든요."

신이 나서 설명을 하던 금복은 뭔가 이상해서 뒤를 돌아보았어요.

줄다리기 줄

왼새끼로 꼰 새끼줄을 모아 굵은 몸줄을 만들어요. 하나는 고리가 넓은 암줄로 만들고 다른 하나는 그 안으로 들어갈 수줄로 만든 후에 비녀목을 끼워 연결하면 줄다리기 줄이 완성돼요. 몸줄의 양옆에는 곁줄이 나와 있어 줄다리기를 할 때는 이 줄을 잡아당겨요.

조금 전까지 뒤에 서서 구경하던 하진이 어느새 사라지고 없었어요.

"아이고, 또 속았네. 마님께 정말 혼날 텐데. 도련님! 도련님, 어디 가셨어요?"

금복은 애타게 하진을 부르며 두리번거렸어요. 하지만 호기심 많은 하진 도령은 이미 또 다른 구경거리를 찾아 세상 속으로 사라져 버린 뒤였답니다.

옛날과 오늘날의 도구 짚으로 만든 도구

오늘날에는 생활용품을 플라스틱이나 알루미늄 등으로 만드는 경우가 많아요. 그래서 옛날처럼 짚으로 만든 도구들을 찾아보기는 어려워요. 옛날 사람들이 짚으로 어떤 물건들을 만들어 사용했는지 알아보세요.

두트레방석
장독 뚜껑으로 쓸 수도 있고, 깔고 앉을 수도 있어요. 오늘날에는 플라스틱으로 만든 장독 뚜껑을 사용하기도 해요.

플라스틱 장독 뚜껑

보릿짚을 나선형으로 엮어 만들어요. 여치를 잡아넣고 추녀에 매달아요. 오늘날에는 플라스틱으로 만든 곤충 채집통을 사용해요.

여치집

곤충 채집통

맷방석
맷돌 아래에 깔거나 자잘한 것들을 널어 말릴 때 깔던 방석이에요.

한눈에 펼쳐 보는 전통문화 조상들의 도구

사냥 도구와 어구

옛날에는 주변에서 스스로 먹을 것을 구해야 했기 때문에 사냥 도구와 어구들이 발달했어요. 하지만 오늘날에는 사냥이나 낚시를 취미로 하는 사람이 많아졌어요.

농기구

농사는 손이 많이 가기 때문에 쉬운 일이 아니에요. 어떤 농기구들이 농부들의 바쁜 일손을 덜어 주고 있는지 살펴보고, 옛날의 농기구들과 오늘날의 기계화된 농기구들을 비교해 보세요.

주방 도구

주방 도구들이 점점 발전하면서 음식을 편하게 만들 수 있게 되었고, 주방에서 일하는 시간도 줄어들었어요. 그런데 가끔은 옛날 주방 도구들로 만든 음식의 맛이 그리워질 때도 있답니다.

짚으로 만든 도구

오늘날에는 생활용품을 플라스틱이나 알루미늄 등으로 만드는 경우가 많아요. 그래서 옛날처럼 짚으로 만든 도구들을 찾아보기는 어려워요. 옛날 사람들이 짚으로 어떤 물건들을 만들어 사용했는지 알아보세요.

한눈에 펼쳐 보는 전통문화 조상들의 도구

장사 도구

조선 시대 장터의 모습과 오늘날의 시장 풍경은 많이 달라요.
사고파는 물건들도 더욱 다양해졌지요.
그렇다면 장사할 때 이용하는 도구들은 어떻게 바뀌었을까요?

장신구

장신구를 이용해서 자신을 예쁘게 꾸미고 싶은 마음은 옛날이나
지금이나 똑같아요. 하지만 전통 옷차림에 했던 장신구와
오늘날의 옷차림에 하는 장신구는 많이 다르답니다.

바느질 도구

옛날 여인들은 각자 솜씨를 뽐내며 직접 옷을 지어 입고,
개성 있는 생활용품들을 만들어 사용했어요.
하지만 오늘날에는 주로 공장에서 만든 옷과 물건을 산답니다.

빨래 도구

요즘에는 세탁기로 손쉽게 빨래를 하지만,
세탁기가 없었던 옛날에는 어떻게 옷을 빨았을까요?
옛날의 빨래 과정과 빨래에 필요했던 도구들을 알아볼까요?